SORRIA

você está sendo curado!

CARO LEITOR,

Queremos saber sua opinião sobre nossos livros.
Após sua leitura, acesse nosso *site* (www.editoragente.com.br),
cadastre-se e contribua com sugestões, críticas ou elogios.

Boa leitura!

- Fora da cruz não existe outra escada por onde subir ao céu. Sta Rosa de Lima
- Qual é o lugar do ser humano? Onde os seus irmãos precisarem dele.
  Madre Teresa de Calcutá
- É preciso viver, não apenas existir.
  Plutarco

Marcelo Pinto
(Doutor Risadinha)

J. Farias
Recife, 16-07-2015

SORRIA
você está sendo curado!

- Flores e espinhos são belezas que se dão juntas. Não queira uma só. Elas não sabem viver sozinhas!...
  Pe. Fábio de Melo
- Depois de escalar um grande morro, descobrimos apenas que há muitos outros a escalar. Nelson Mandela
- Onde quer que haja coração humano sofrendo, o Cristo aí estabelece a sua morada.
  François Mauriac
- A primeira obrigação do amor é ouvir.
  Paul Tillich

Editora Gente

Editora
Rosely M. Boschini

Gerência editorial
Fernando Fernandes

Assistência editorial
Rosângela Barbosa

Produção
André Medella

Projeto gráfico
Neide Siqueira

Editoração
Join Bureau

Preparação
Editora Gente

Capa
Eduardo Profeta

Foto de capa
Orlando Florin Rosu/
Dreamstime.com

Revisão
Miriam de Carvalho Abões

Rua Pedro Soares de Almeida, 114
São Paulo, SP – CEP 05029-030
Telefone: (11) 3670-2500
Site: http://www.editoragente.com.br
E-mail: gente@editoragente.com.br

Dados Internacionais de Catalogação na Publicação (CIP)
(Câmara Brasileira do Livro, SP, Brasil)

Pinto, Marcelo
Sorria, você está sendo curado! / Marcelo Pinto (Dr. Risadinha) — São Paulo : Editora Gente, 2008.

Bibliografia.
ISBN 978-85-7312-621-1

1. Auto-ajuda – Técnicas 2. Autoconsciência 3. Conduta de vida 4. Cura – Aspectos psicológicos 5. Riso 6. Riso – Uso terapêutico I. Título.

08-09543 CDD-152.4

Índices para catálogo sistemático:

1. Riso : Uso terapêutico : Psicologia 152.4

Dedico esta primeira obra à minha querida esposa Andréa e aos meus filhos Marcos Paulo e Marcela, motivos de minha alegria; ao papai Aldão e à mamãe Lili, inspirações para minha alegria; ao meu irmão Paulo e sua família Flávia e Aninha, que são parte de minha alegria, a toda a minha família e aos meus amigos secretos, que sempre me alegraram, presenteando-me com os livros sobre o riso que eu não conseguia encontrar nas livrarias.

Dedico também a você, leitor, que é único e especial, pois a partir de agora poderemos trabalhar juntos por um mundo mais alegre e saudável e com muita paz, mesmo que não venhamos a nos conhecer pessoalmente. Sorria e ajude-me a propagar o poder do riso e seus benefícios para o maior número possível de pessoas.

Atenção, leitor!

O tema deste livro busca reafirmar o que muitas pesquisas já concluíram e minhas experiências de vida demonstraram, ou seja, o poder que o riso tem de amenizar a dor física e espiritual, aproximando pessoas, aliviando o peso da rotina do dia-a-dia, melhorando relacionamentos profissionais e amorosos.

É importante destacar também que as matérias apresentadas nesta obra são produto de pesquisas e trabalhos de estudiosos do assunto, as quais me fazem acreditar piamente na força e no poder do riso, uma vez que os seus benefícios se aplicam a tudo e a todos, conforme demonstrado em todos os capítulos que lhe serão apresentados. Você também poderá conferir essas constatações, acessando o *site* www.doutorrisadinha.com.

Importante: Desde já quero me desculpar caso algum texto esteja sem os devidos créditos e imploro ao leitor que, se verificar esse tipo de ocorrência, comunique-a a mim imediatamente, para que eu possa retificar a situação. Tenha certeza de que não foi minha intenção prejudicar ninguém nem levar a fama por algo que não seja de minha autoria, até porque um dos objetivos desta obra é prestigiar e divulgar todos aqueles que têm se dedicado ao maravilhoso e empolgante tema que é o *riso*.

O *e-mail* para contato é marcelopinto@doutorrisadinha.com, endereço para o qual você pode enviar também críticas e até mesmo sugestões e elogios.

Agradeço desde já sua colaboração, que com certeza será atenciosamente analisada e aproveitada em futura reimpressão. Meu desejo é tornar este livro o mais completo e adaptado às necessidades de seus leitores.

Nota: Este livro será tão bom para a sua saúde, que o que você economizará em tratamentos fará com que ele saia inteiramente grátis. O retorno é garantido.

Mantenha, então, esta preciosidade sempre à mão, em seu criado-mudo ou em sua mesa do escritório, e lembre-se de que a compra dela será um de seus grandes negócios neste ano. Confira no sumário a seguir tudo que você poderá conhecer por poucos Reai$.

Termo de garantia: Alegria garantida ou sua tristeza de volta.

Reservamos este espaço para autógrafo e dedicatória seu a quem você presentear com este livro.

____

____

____

____

____

SUMÁRIO

INTRODUÇÃO

POR QUE LER ESTE LIVRO?

Darei a você seis motivos e espero que, ao final da leitura deste livro, você me dê razão em no mínimo dois deles.

PRIMEIRO MOTIVO: PORQUE O RISO ESTÁ DESAPARECENDO!

Disse certa vez o escritor português Eça de Queirós: “já ninguém ri. Quase ninguém mesmo sorri, porque o que resta do antigo sorriso, fino e vivo, tão celebrado pelos poetas do século XVIII é apenas um desfranzir lento e regelado de lábios. Ninguém ri e ninguém quer rir”.[1]

E você sabe por que a humanidade entristeceu? Porque quanto mais crescemos, mais sisudos nos tornamos, não por nossa culpa, mas por ser uma regra da sociedade. (Ah, se eu descubro quem inventou essa regra!) É por isso que nos tornamos depressivos, cheios de preocupações, tristes etc., pois

1. Sobrinho, Reinaldo de Oliveira. “Morreu Costinha”. Disponível em: <www.soutomaior.eti.br/mario/paginas/cro_cost.htm>. Acesso em: 22/09/2008.

quando nos tornamos adultos não é mais permitido que nos comportemos como crianças, sob a alegação de que rir é feio, sinal de imaturidade, de irresponsabilidade, blablablá...

Eu não tenho a mínima preocupação em parecer criança. Pelo contrário, acredito que as crianças é que têm o poder de tornar nosso mundo um lugar melhor para viver e conviver, pois elas não são preconceituosas nem maldosas. Raramente deparamos com crianças depressivas, preocupadas e sisudas, não é mesmo?

> "Deixai vir a mim as criancinhas, e não as embaraceis, porque o Reino de Deus é dos que se parecem com elas."
>
> Lucas, 18:16

E veja a incoerência da vida: nós queremos dar conselhos às crianças quando, na verdade, elas têm mais a nos ensinar e com uma didática de dar inveja aos mais brilhantes professores: direta, pura, alegre e divertida. Brincar com as crianças e como elas é uma verdadeira delícia! Pena que a correria do dia-a-dia não nos permite aproveitar mais dessa oportunidade, não é mesmo? É claro que não. Acorde! Se conseguimos tempo para fazer tantas coisas que nos fazem mal, porque não nos dedicamos mais ao convívio com as crianças? Estaríamos ganhando duas vezes.

Você sabia que a criança ri em média quatrocentas vezes por dia e que o adulto ri apenas quinze vezes? Pois é. Agora que você já sabe, tem o dever de recuperar suas 385 risadas perdidas diariamente, a começar de hoje. Até porque o riso é o melhor remédio, de verdade!

E, para sua sorte, este livro, que não por acaso está nas suas mãos, tem como missão ajudá-lo nessa tarefa, pois além de passar informações importantes sobre o riso, ele procurará despertar você para o riso (procure perceber quantas vezes você rirá, externa ou internamente, durante a leitura), pois é isso que buscamos: não apenas tratar o riso teoricamente, mas despertá-lo em você, na prática.

Segundo motivo: Porque a leitura é motivo de alegria.

A leitura é um dos prazeres mais econômicos e duradouros, capaz de nos proporcionar ao mesmo tempo conhecimento e entretenimento. Além do mais, os livros são bons confidentes e fiéis amigos.

Por pouco dinheiro os livros nos proporcionam a colheita de bons frutos, nos poupando, assim, da árdua tarefa das investigações e experiências daqueles que passaram a vida estudando de tudo, desde a ciência até a arte, cabendo a nós apenas dar seqüência a esse maravilhoso trabalho.

Cícero, o grande orador de todos os tempos, comparava uma casa sem livros a um corpo sem alma.[2]

2. Marden, Orison Swett. *Alegria de viver*. Porto: Casa Editora de A. Figueirinhas Ltda., 1934, p. 168.

Terceiro motivo:
porque ele é uma prova de amizade.

A bibliografia, lista dos livros e artigos que consultei para lhe proporcionar uma leitura agradável, de conteúdo científico e produto fiel a nossa realidade, é uma prova cabal desse fato.

Isso mostra a minha amizade, atenção e meu carinho por você, que se interessa pelo mesmo assunto que eu: o poder do bom humor e os benefícios do riso.

Quarto motivo:
porque ele poderá fazer a diferença para melhor.

Para ser considerado bom e alcançar seu objetivo, um livro deve fazer o leitor mudar suas atitudes e sua vida para melhor. Desejo que, ao ler esta obra e praticar algumas de suas dicas e sugestões, você conquiste uma visão diferente e positiva para sua vida. Torço para que, após a leitura, você se empolgue em ajudar as pessoas ao seu redor a mudar para melhor alguns aspectos do dia-a-dia delas. Suas mudanças naturalmente influenciarão as pessoas em seu entorno, pois todos querem ter por perto pessoas sorridentes, não é mesmo?

Quinto motivo:
porque ele será uma ferramenta para controlar a sua paciência.

Quando estamos impacientes — por estar na fila do banco, no congestionamento ou no trajeto do ônibus/trem/metrô/avião etc. –, devemos nos concentrar em algo de preferência divertido ou de que gostemos muito. Ler este livro, por exemplo, pode ser uma fonte de distração bastante proveitosa.

Com esse tipo de atitude conseguiremos nos distrair e diminuir a sensação de demora, pois o tempo passará mais depressa diante da distração obtida, reduzindo a impaciência e o estresse.

Sexto motivo:
porque ele será instrumento para a sua auto-avaliação.

> "Não há lei que o obrigue a sorrir!
> Mas você pode fazer de seu sorriso uma dádiva e
> tornar-se o paraíso da bondade em sua família."
>
> Papa João Paulo II

Não adianta eu dizer que você precisa rir mais ou que a partir de agora você começará a rir mais e com independência. Você precisa perceber a necessidade dessa mudança. Um bom método para iniciar o processo de inserção do riso em seu modo de ser e depois cuidar de sua manutenção é praticar constantemente uma auto-avaliação.

Para iniciar, vamos medir o seu nível atual de alegria para que ao final do livro ou de cada capítulo você mesmo possa avaliar se ele está mesmo proporcionando o efeito pretendido e com qual intensidade. Para isso, indique numa escala de 1 a 10 o seu nível, significando 1 o seu nível mais baixo de alegria e 10 o seu nível mais alto. Seja sincero e anote no espaço a seguir o seu nível atual: 5.

Experimente as pesquisas, dicas e sugestões apresentadas no decorrer do livro, colocando em prática aquelas que lhe parecerem mais atraentes e, ao final de duas semanas ou de cada capítulo, torne a se auto-avaliar e informar o seu nível de alegria, acompanhando e constatando o progresso alcançado. Ainda que você não acredite em milagres, presenciará o primeiro de sua vida ao final deste livro.

Por fim, mais um pedido: procure continuar a leitura desprovido de preconceitos e idéias preconcebidas. Minha sugestão é que, a cada retomada da leitura, você dê uma gostosa gargalhada, oxigenando o cérebro para deixar o espírito mais leve e aberto a novas idéias e conceitos. Vamos começar? Qua, qua, qua! Ka, ka, ka, ka! Rá, rá, rá!

APRESENTAÇÃO

> "A primeira coisa a fazer é sorrir,
> porque isso determina como será o seu dia."
>
> Osho

O doutor Risadinha encontrava-se lendo à beira do riacho quando teve a idéia de escrever algo sobre o riso. Seu objetivo era transmitir ao maior número de pessoas tudo o que pudesse sobre a importância do riso em nosso dia-a-dia. Então ele falou consigo mesmo:

— Puxa, como este livro está entediante. Parece que não termina nunca. Estas letras pequeninas e estes parágrafos longos, que chegam a preencher quase duas páginas, estão me tirando a paciência.

— Ôba! É isso aí! Vou eu mesmo escrever de forma a não cair nessa armadilha.

E foi assim que surgiu a idéia de escrever este livro sobre o riso, a alegria, o bom humor e a descontração, embasado em obras científicas sobre o assunto. Para tratar do riso, não poderia ser um livro entediante, mas gostoso, divertido e descontraído, que pudesse ser lido por qualquer pessoa, de qualquer idade, a qualquer momento e em qualquer lugar. Uma leitura bem descontraída, séria e ao mesmo tempo bem-humorada, rápida e de fácil assimilação.

Por ter uma preocupação também com nossas crianças, inicio cada capítulo por uma historinha, um diálogo entre o doutor Risadinha, seus amigos e familiares, para que elas possam ter uma idéia básica sobre o assunto, numa linguagem acessível, despertando o interesse pela prática e pelo conhecimento do riso.

Por fim, há um espaço com algumas linhas em branco ao final de cada capítulo para que você possa fazer as anotações que desejar, tornando esta obra, mais do que um livro, uma verdadeira lembrança personalizada, na qual estarão registradas suas idéias, seus pensamentos e suas recordações. No futuro, ele poderá servir como um guia, livro de memórias ou até como sua biografia, para que seus filhos, sobrinhos, netos, bisnetos etc. possam sempre lembrar da pessoa bem-humorada que você é, foi ou se tornou.

É isso, querido leitor, querida leitora. A partir de agora você começará a chorar... de tanto rir.

CAPÍTULO 1

O RISO AJUDA A ALIVIAR A DOR

> "O riso aumenta a tolerância à dor."
>
> ROD MARTIN, professor da Universidade de Western Ontario (Canadá)

HISTORINHA

Certa manhã de sábado, o doutor Risadinha encontrou Lili no ponto de ônibus e ela estava com dor nas pernas.

— Oi, Lili. Tudo bem contigo?

— Oi, Risada! Não estou muito bem, não. Acordei com uma desconfortável dor nas pernas.

— Já foi ao médico?

— Sim! Ele foi muito atencioso, me medicou e receitou um tratamento para passar a dor. Até já tomei o remédio, a dor diminuiu, mas não passou completamente.

— Puxa vida, isso é mesmo chato, né! Que tal você participar da sessão do riso que iniciarei daqui a quinze minutos no

Espaço do Riso? Isso pode ajudar no tratamento. Considere-se convidada!

— Estarei lá, é claro! Mas no que isso aliviará minha dor nas pernas?

— Lili, você não sabia que o riso libera endorfinas em nosso organismo e elas agem como um anestésico natural, que alivia a dor nas articulações, reduzindo o incômodo causado por ela, e que também nos ajuda a esquecê-la um pouco?

— Que legal! Sabe que é uma ótima idéia? É disso mesmo que estou precisando. Vamos lá dar umas gargalhadas!

Caso

O escritor Raymond A. Moody Jr. relata o caso de Norman Cousins, editor da revista norte-americana *Saturday Review*, publicado no *New England Journal of Medicine*. Após um episódio estafante ocorrido ao retornar de uma viagem ao exterior, Cousins começou a sentir dores e mal-estar acompanhados de febre alta e paralisia parcial das pernas.

O diagnóstico, com perspectivas de cura nada favoráveis, acusou espondilite anquilosante, uma grave inflamação na espinha e nas juntas, que tornava dolorosa até pequenas movimentações na cama. Então, ele pensou: "Se as emoções negativas podem perturbar o organismo, as emoções positivas devem restabelecer a harmonia!".

Assim, iniciou um tratamento sistemático, com base no riso, assistindo a seus filmes cômicos preferidos, séries do programa *Câmera Escondida*, parecido com as nossas conhecidas "pegadinhas" e proibiu as pessoas de visitá-lo sem uma piada para contar. Freqüentemente, as enfermeiras liam revistas ou livros de humor para ele.

Em pouco tempo constatou que dez minutos de riso aliviavam sua dor, permitindo-lhe duas horas de sono seguidas. Testes clínicos comprovaram que sua inflamação diminuía a cada sessão de riso. Pediu alta e registrou-se em um hotel, bem divertido e próximo do hospital. Curou-se, retornou ao trabalho e levou uma vida razoavelmente normal.

Esse caso ajudou a despertar o interesse da classe médica para o estudo do potencial uso terapêutico do riso em condições artríticas.[3] Norman Cousins é conhecido como o grande expoente da medicina do riso. Escreveu os aclamados livros *Cura-te pela cabeça: a biologia da esperança, A força curadora da mente* e *The healing heart* [O coração da cura, não publicado no Brasil]. Mesmo não sendo médico, mas a título de reconhecimento, foi convidado a lecionar como professor-adjunto na Escola de Medicina da Universidade da Califórnia, em Los Angeles.[4]

* * *

Segundo a psicóloga e pesquisadora do comportamento humano Mariana Funes, "o riso possui um efeito antiinflama-

3. Cousins, Norman. *Cura-te pela cabeça: a biologia da esperança*. São Paulo: Saraiva, 1992, p. 147 e seguintes; Moody Jr., Raymond. *A cura pelo poder do riso*. Rio de Janeiro: Nórdica, 1978, p. 35-36.

4. Holden, Robert. *Rir ainda é o melhor remédio*. São Paulo: Butterfly, 2005, p. 41.

tório em juntas e ossos; ele pode reduzir a inflamação e aliviar a dor em condições artríticas".[5]

Então, no mínimo, o riso pode nos ajudar a reduzir o incômodo da dor, aliviando-a por meio da liberação de endorfinas, substâncias naturais com propriedades analgésicas produzidas pelo próprio organismo. As endorfinas são chamadas de "opiáceos endógenos", porque contêm uma ação analgésica (opiáceos) que alivia a dor e são formadas dentro de nosso corpo (endógenos).[6]

Conforme nos ensina o escritor e pesquisador britânico Jack Lawson, a gargalhada é um surpreendente tratamento contra a dor. Além das endorfinas, várias substâncias cerebrais são estimuladas pelo ato de rir. Um simples sorriso emite uma informação que ativa a secreção de endorfinas no cérebro. Trata-se de um mecanismo similar àquele que aumenta a secreção de suco gástrico quando sentimos o cheiro de uma comida gostosa.[7] Chegamos até a babar, não é mesmo?

Existem relatos de tratamentos que consistem em forçar uma expressão de sorriso no rosto do paciente, utilizando esparadrapos para elevar os cantos da boca, o que já bastaria para enviar mensagens ao cérebro, capaz de acionar o sistema de produção de endorfinas e, por conseqüência, aliviar a dor.

Veja um simples exemplo que nos ajudará a entender rapidamente o que são as endorfinas e como atuam. Quando

5. Funes, Mariana. Op. cit., p. 38.
6. Ibidem, p. 47.
7. Lawson, Jack. *Endorfinas: a droga da felicidade*. Blumenau: Eko, 1998, p. 54.

você leva uma pancada, costuma sentir alguma dor de imediato, mas logo depois, dependendo da intensidade da contusão, a dor desaparece. Isso acontece porque seu corpo reagiu à dor, produzindo as endorfinas necessárias para reduzi-la.

Mas se você tem dor de dente ou há algum tempo sente uma dor muscular e leva uma pancada cuja dor é mais forte, é possível que espontaneamente "desapareça" a primeira dor. A nova dor, por ser mais forte, promove uma produção maior de endorfinas que acabam por aliviar, senão eliminar, o primeiro sofrimento, mais leve.

Finalizando, se as endorfinas de fato ajudam na redução da dor, então devemos nos especializar na produção delas, para que possamos sempre que necessário saber como consegui-las e na quantidade certa.

Por isso é importante nos dedicarmos às técnicas do riso forçado. Isso mesmo! Devemos ter sempre em mente as situações que nos fazem rir a qualquer momento e que poderão dar um empurrãozinho no processo de desencadeamento do riso forçado. Pratique as dicas apresentadas ao final do capítulo e dê uma gostosa gargalhada.

Pesquisas

1 A pesquisadora Annette Goodheart utiliza o riso para aliviar a dor dos pacientes que se submeteram a cirurgias, sugerindo que, ao focalizarmos o riso na área que dói, conseguimos obter um significativo alívio da dor. Num de seus estudos, Annette Goodheart obteve para seus pa-

cientes um alívio significativo da dor também nas articulações artríticas.[8]

2 A pesquisadora norte-americana Suzanne Herchenhorn desenvolveu estudo da relação entre o riso e a artrite reumatóide, descobrindo que o riso reduzia a intensidade da dor, mas tinha um efeito ainda maior no modo como a dor incomodava o paciente, ou seja, no mínimo, continuamos sentindo a mesma dor, porém, mudamos o foco para o riso e acabamos nos incomodando menos ou, até mesmo, nos esquecendo dela.[9]

3 A equipe da pesquisadora norte-americana Kathleen M. Dillon realizou em 1985 um estudo para avaliar o efeito do riso sobre o sistema imunológico de dez voluntários, como forma de verificar a experiência relatada por Norman Cousins.

Foram exibidos dois filmes: uma comédia e um documentário sobre diferentes aspectos do medo. Além disso, foi aplicado um questionário para verificar até que ponto o humor era empregado como recurso para superar o estresse.

Foram coletadas amostras de saliva, antes e depois de os voluntários assistirem aos filmes, para determinar os

8. Pesquisa citada por Funes, Mariana. Op. cit., p. 45-46.
9. Ibidem, p. 46.

níveis de proteínas (imunoglobulina/IgA), com o que foi possível avaliar a atividade do sistema imunológico.

Observou-se, conforme esperado, que a atividade do sistema imunológico, na maioria dos participantes, havia aumentado após assistirem à comédia. O documentário introduzido para controle não desencadeou alterações.

O curioso é que mesmo antes da projeção dos filmes verificou-se maior atividade do sistema imunológico nos voluntários que utilizaram o humor como ferramenta para vencer o estresse. Isso reforça o ditado de que "Esperar pela festa é tão bom quanto se deliciar com ela".

Esses resultados tornam plausíveis as experiências reportadas por Norman Cousins sobre o efeito curativo de sua "terapia do riso".[10]

4 Segundo o escritor inglês R. Holden, uma pesquisa chamada "Os efeitos do riso e do relaxamento na resistência à dor e ao desconforto" foi publicada em 1987 no *Journal of Behavioral Medicine* (Jornal de Medicina Comportamental), descrevendo duas experiências feitas para testar a teoria de que o riso pode diminuir a dor. Conclusão: "a resistência ao desconforto foi maior nos voluntários induzidos ao riso. Rir, ao contrário de uma simples distração, reduz a sensibilidade à dor, o que sugere que a técnica pode ser utilizada como recurso clínico".[11]

10. OHM, Dietmar. *Rir, amar e viver mais*. São Paulo: Paulinas, 2002, p. 119.

11. HOLDEN, Robert, Op. Cit., p.41.

Dicas

i) Ria todos os dias, de preferência pela manhã, durante apenas 1 ou 2 minutos. Se não estiver com vontade, fique diante do espelho fazendo caretas, pois isso deverá despertar-lhe a vontade de rir, e, sendo o riso contagioso, você passará a rir de verdade.

ii) Sempre que possível, participe de grupos de riso a fim de praticar exercícios do riso forçado, como por exemplo o "riso ao celular", "riso de metro", "riso das vogais" etc.

Praticando esse tipo de exercício, quando se encontrar numa situação de dor você terá mais facilidade de lidar com ela, despertando o riso, ainda que forçado, num momento difícil. Tenha, também, sempre à mão CDs e revistas de piadas, livros de humor, cadernetas com anotações engraçadas etc. para que possam auxiliá-lo em momentos difíceis.

Piada de salão

Desesperado, Leandro vai ao pronto-socorro:

— Doutor, pelo amor de Deus! Eu sinto dores terríveis no corpo inteiro!

— Onde, exatamente?

— Eu ponho o dedo no pé, dói. Ponho o dedo no peito, dói. Ponho o dedo na cabeça, dói.

— Já sei o que você tem...

— O que é, doutor? Pelo amor de Deus, é grave?

— Não, não é grave: você apenas quebrou o dedo.

Auto-avaliação

Qual o seu **nível de alegria** (de 1 a 10) ao chegar ao final deste capítulo? _6_. Compare-o com aquele da página 16. E então, começou a sentir um alívio físico ou mental?

Espaço para anotações pessoais

CAPÍTULO 2

A FISIOLOGIA DO RISO

> "Você utiliza apenas dezessete músculos para sorrir, mas 43 para franzir a sobrancelha. Então faça o que tem a fazer com um sorriso e isso exigirá muito menos esforço."
>
> Stuart e Linda Macfarlane, casal de escritores norte-americanos. Extraído de *Sorriso*, livro de Helen Exley

Historinha

Após sair da sessão de risoterapia, o doutor Risadinha encontrou na banca de jornal seu amigão, o Aldão, que não parava de gargalhar:

— E aí, Aldão, tudo bem! Posso gargalhar contigo? Você já está até vermelho!

— Oi, Risadinha. Tudo ótimo! É que eu estava ouvindo um divertido "causo" de meu colega jornaleiro e dei tantas gargalhadas, que me deu até moleza, de tanto que minha barriga tremeu.

— Aldão, isso que você está descrevendo é uma das características da fisiologia do riso. Você sabia que o que acontece com o nosso corpo quando rimos é muito mais do que isso que você sentiu? A gargalhada é um dos melhores e mais completos exercícios físicos, pois mexe com boa parte de nosso corpo.

— Verdade, Risadinha? Vamos até a padaria ao lado pra eu te pagar um refresco bem gelado enquanto você me explica melhor isso, pois estou mesmo precisando me exercitar.

— Oba, Aldão. É pra já! Com este calor, um suco de maracujá bem gelado vai cair muito bem, sem falar na sua companhia, que é a melhor. Então, como eu estava falando, quando rimos, nosso corpo...

***

O médico Eduardo Lambert informa que os principais músculos responsáveis pelos movimentos do sorriso e do riso são o *zygomatic major*, que levanta o canto da boca, e o *orbicularis oris*, que ergue as bochechas, enrugando a pele em torno dos olhos.[12]

Segundo o psicólogo norte-americano Dacher Keltner, da Universidade da Califórnia, em Berkeley, enquanto a risada é involuntária, alguns músculos necessários para sorrir podem ser controlados, sendo um deles o zigomático maior, que puxa os cantos do lábio para cima e, ao contraí-los, forma o que ele chama de "sorriso de aeromoça", por ser uma expressão auto-

12. Lambert, Eduardo. *Terapia do riso: a cura pela alegria*. São Paulo: Pensamento, 1999, p. 44.

mática, expressando mais delicadeza do que alegria. "É esse o sorriso que o funcionário esboça quando o chefe conta a piada que ele já ouviu centenas de vezes, ou que uma pessoa utiliza quando cumprimenta outra e ambas movem os lábios num movimento quase simultâneo".

Dacher ainda nos informa que os músculos responsáveis pelo sorriso verdadeiro não podem ser controlados por 95% das pessoas, sendo o orbicular ocular um deles, que fica ao redor dos olhos, e que, quando ele se contrai, formam-se pequenas rugas do tipo pé-de-galinha, o olhar ganha um leve brilho, as bochechas se elevam e pequenas bolsas se formam embaixo dos olhos. Essas são as características do sorriso espontâneo, aquele que os bebês dirigem à mãe nos primeiros meses de vida.[13]

A psicóloga Mariana Funes examina o nosso corpo durante o riso: "Quando o lábio superior é erguido no sorriso, ele descobre parcialmente os dentes e também provoca uma curva descendente dos sulcos que se estendem das duas narinas até os cantos da boca. Isso, por seu lado, produz um enchimento, ou arredondamento, das bochechas na parte externa das rugas. Também ocorrem rugas momentâneas sob os olhos, e em pessoas mais velhas é possível ver rugas de riso nas arestas laterais da órbita dos olhos. Os próprios olhos sofrem uma

13. Carelli, Gabriela. "Você é o humor que você tem". *Veja*. 15 de novembro de 1996. Disponível em: <http://veja.abril.com.br/151106/p_116.html>. Acesso em: 3/9/2008.

mudança geral e podem ser descritos como brilhantes e faiscantes."[14]

Segundo o psicólogo alemão Dietmar Ohm, na expiração inicial o ar é eliminado. Durante a segunda fase, é expirado o assim chamado "volume de reserva", que em geral fica nos pulmões. Por essa razão, o riso provoca uma nítida estimulação da respiração, tanto que muitos autores falam de uma "ducha de oxigênio". A troca gasosa é aumentada de três a quatro vezes quando comparada ao estado de repouso.[15]

O médico William Fry Jr., conhecido como Doutor Humor, tendo pesquisado o riso por mais de trinta anos, declarou em 1991 que "o humor transforma as pessoas. E o efeito não pára na garganta... A alegria mexe com o corpo todo, tanto no aspecto físico quanto no biológico". Ele chama esse efeito de "massagem interna", pois primeiro nosso corpo é movimentado e exercitado e depois relaxa e se tranqüiliza.

Fry afirma ainda que o riso é um excelente exercício aeróbico que ventila os pulmões, relaxa e aquece os músculos e os nervos, acelera as batidas do coração, aumenta a pressão arterial, melhora a respiração e a circulação e estimula a inalação e a exalação do ar. Suas pesquisas mostram que uma gargalhada, além de tudo, exercita os grupos musculares dos ombros, dos braços, do abdome, do diafragma e das pernas. Fazendo uma comparação, ele destaca que uma média de

14. Funes, Mariana. Op. cit., p. 40.
15. Ohm, Dietmar. Op. cit., p. 112.

cem a duzentas risadas por dia equivalem a aproximadamente dez minutos de remo ou de corrida.[16]

Mariana Funes nos apresenta o SOM do riso: as mulheres têm uma freqüência mais elevada (cerca de 502 hertz) do que os homens (cerca de 276 hertz), e o principal componente do riso é uma forte e abrupta expiração inicial seguida por uma série de microciclos de expiração–inspiração com intervalos.

Ela também nos apresenta a GRAMÁTICA do riso: uma risada é caracterizada por uma série de notas silábicas curtas do tipo vogal e cada nota dura cerca de 75 milésimos de segundo, repetindo a cada 200 milésimos de segundo. É difícil dar risada com durações de notas muito longas, como "haaa-haaa-haaa", ou muito curtas. Do mesmo modo, durações normais de notas com intervalos muito longos ou muito curtos entre si não ocorrem, como exemplo: "ha-----ha------ha". A risada é caracterizada por um decrescendo, presumivelmente porque nos falta o ar.[17] Estima-se que ele sai de nossos pulmões a mais de cem quilômetros por hora, antes que tenham se passado cerca de 2 segundos.

Pesquisas

1 Herbert Spencer, filósofo inglês do século XIX, foi um dos primeiros cientistas sérios a mencionar os efeitos massageadores do riso, em trabalho realizado em 1860, chama-

16. HOLDEN, Robert. Op. cit., p. 37-38.
17. FUNES, Mariana. Op. cit., p. 41-43.

do *The physiology of laughter* [A fisiologia do riso]. Ele se convenceu de que o riso é um mecanismo essencial para se restabelecer o conforto físico e o equilíbrio biológico e interior.[18]

2 O psicólogo E. L. Lloyd mostra a relação entre o riso e a respiração em seu artigo "O mecanismo respiratório do riso", publicado em 1938 no *Journal of General Psychology* [Revista de Psicologia Geral]. Essa ação de "respirar com alegria", que é a combinação de inalação profunda e exalação total, leva a uma excelente ventilação, ao relaxamento e ao descanso.[19]

3 A psicóloga Patrícia Long descreveu em artigo para o *Psychology Today* [Psicologia Hoje], em outubro de 1987, o trabalho da pesquisadora Sabina White, na Universidade da Califórnia, em Santa Bárbara. Ao pesquisar os efeitos calmantes do riso, Sabina deu a 87 alunos um teste com um grande número de exercícios, problemas e equações matemáticas para resolver. Logo depois fez com que ouvissem música relaxante e assistissem a vídeos de comédia. O relaxamento e a risada aumentaram a circulação de sangue, relaxaram a musculatura, aliviaram o sistema nervoso e regularam os batimentos cardíacos dos alunos.[20]

18. Holden, Robert. Op. cit., p. 38-39.
19. Ibidem. Op. cit., p. 39-40.
20. Ibidem. Op. cit., p. 39.

4 O psicólogo Dacher Keltner analisou numa pesquisa milhares de faces sorridentes e concluiu que existem dois tipos de sorriso, os quais nem sempre são possíveis de identificar. Um deles revela que a pessoa está realmente achando graça de algo ou demonstrando felicidade. O outro mostra que ela apenas se esforça para parecer simpática.[21]

Dica

De fato, o riso, e em especial a gargalhada, mexe com todo o nosso corpo, interna e externamente. É um verdadeiro e completo exercício massageador. Depois de uma sessão de riso, eu me sinto como se tivesse acabado de sair da academia. Perceba essa sensação você mesmo. Quando gargalhar, lembre-se, sempre que possível, de colocar sua mão sobre a barriga para sentir a movimentação dos seus órgãos internos.

A partir de agora passe a observar como nós nos movimentamos quando estamos gargalhando. Ao gargalhar em pé, tente manter um livro equilibrado sobre sua cabeça ou escrever seu nome em uma folha de papel ou ainda andar sobre um barbante esticado ao chão. Depois, se quiser, escreva-me dizendo se conseguiu e qual foi a sensação.

21. Carelli, Gabriela. Op. cit.

"Adoro rir, a não ser quando isso me faz espirrar leite pelo nariz."

Woody Allen, cineasta

Piada de salão

O vovô do Risadinha chega para o outro velhinho e diz:

— Sabe de uma coisa? Meu organismo funciona como um reloginho... Às 5 h da manhã eu faço cocô, às 6 h eu faço xixi e... às 7 h eu acordo!

Auto-avaliação:

Qual o seu **nível de alegria** (de 1 a 10) ao final deste capítulo? ____. Compare-o com aquele da página 16. Sentiu a barriga tremer? Ainda não

Espaço para anotações pessoais

CAPÍTULO 3

VEJA O LADO POSITIVO DE TUDO

"É sabido que o homem positivo é aquele que vê, em cada problema, uma oportunidade. E o negativo é aquele que faz de cada oportunidade um problema."

Comandante Rolim Adolfo Amaro em entrevista à *Revista da Tam*

Historinha

Depois de ter saboreado com o Aldão um delicioso e supergelado suco de maracujá, acompanhado de um maravilhoso sanduíche de pernil, Risadinha despediu-se dele. Para fazer a digestão, Aldão foi passear no *shopping*, onde o doutor Risadinha tinha um quiosque de presentes divertidos. Risadinha combinou de encontrar com Aldão no *shopping* depois, pois antes precisava ir até o supermercado. Lá, ele encontrou Andréa, que estava muito triste:

— Olá, Andréa. Você por aqui!

— Oi, Risadinha!

— Andréa, você me parece infeliz. O que aconteceu? Posso ajudá-la?

— Sabe o que é, Risadinha! É que eu não encontrei o dinheiro que havia guardado para fazer as compras e não sei se perdi na rua ou fui furtada enquanto comprava os ingredientes para o almoço de domingo. Não era muito, mas fui obrigada a ir ao caixa eletrônico para sacar da poupança. Sou mesmo a pessoa mais azarada do mundo!

— Que chato, Andréa! Deixe-me ajudá-la, carregando as compras até sua casa enquanto conversamos sobre isso.

— Obrigada, Risadinha. Você é mesmo muito gentil.

— De nada, Andréa. Mas não fique triste, veja o lado positivo da situação. Se você perdeu o dinheiro na rua, pode ser que o encontremos no caminho de volta para casa. Ou veja isso como uma doação que você fez a quem encontrá-lo.

— É, Risadinha, tomara que eu o encontre ou que esse dinheiro possa ajudar alguém que esteja precisando mais do que eu.

— É assim que se fala, Andréa! E há outro lado bom: se você foi furtada enquanto fazia as compras, você não sofreu violência física.

— Sabe de uma coisa, Risadinha? Você tem razão, pois eu poderia ter sido roubada e agredida!

— E o melhor de tudo é que você tinha uma poupança e pôde utilizar parte dela para fazer suas compras. Isso não é ótimo!!! Sabe quantas pessoas têm o privilégio de, hoje em dia, manter uma poupança bancária?

— Puxa, Risadinha, pensando bem, eu sou mesmo uma pessoa de sorte. Opa! Espere um pouquinho. O que é aquele papelzinho dobrado, na sarjeta, próximo do portão de casa?

— Eu acho que já sei o que é. Quer que eu pegue para você?

— Não! Não! Você está com as compras. Deixe comigo. Oba, é o meu dinheirinho. Rá! Rá! Rá! Eu sou mesmo uma pessoa de sorte. Obrigada, Risadinha, pois com sua ajuda consegui enxergar o lado bom dessa situação e com isso atrair bons fluidos.

— Ora, Andréa, você não tem nada do que me agradecer, pois foram a *sua* atitude positiva e o *seu* otimismo que a ajudaram. Eu só tenho é que ficar muito feliz por você. Agora deixe-me ir, porque fiquei de encontrar o Aldão lá no *shopping*. Até mais ver!

— Tchau, Risadinha. E vá com Deus!

CASO

O psicólogo inglês Stephen Klein nos mostra o exemplo, extraído da literatura inglesa, de Robinson Crusoé, que nos deu uma boa lição de como a mudança de enfoque pode salvar nossa vida. Do naufrágio do navio em que viajava, somente ele se salvou. Vendo-se só e desamparado em uma ilha deserta, acabou caindo em depressão.

Sem esperança de ser salvo, decidiu que nenhuma situação poderia ser tão ruim que o levasse ao desespero. Então passou a fazer um balanço de sua vida, ou seja, em cada situação ruim ele procurava vislumbrar uma face positiva. Por exemplo: "Estou numa ilha deserta, sem a menor esperança de conseguir sair daqui; mas estou vivo, pois não me afoguei como aconteceu com os meus companheiros". "Não tenho sequer roupas para cobrir minha nudez; mas estou numa região quente em que não necessito delas". E assim por diante.

Ao final chegou à conclusão de que conseguiria se sentir mais feliz em sua deplorável situação do que já se sentira em qualquer outra. Esse otimismo lhe salvou a vida. "Será que Crusoé estava enganando a si mesmo quando resolveu dourar a pílula dessa maneira? Não, pois os dois pontos de vista, o pessimista e o otimista, são válidos. A questão é apenas saber qual deles nós vamos adotar; geralmente, é mais útil ser otimista".[22]

Outro exemplo clássico é o da menina Poliana e o seu "jogo do contente", no qual ela convida as pessoas a buscar o lado positivo de tudo, encontrando, assim, algum motivo para ficar alegres. A escritora Eleanor H. Porter devia estar inspiradíssima e em estado de graça quando escreveu essa obra. Se tiver oportunidade, leia-na.

O psicólogo Dietmar Ohm nos conta o caso da psicoterapeuta Edith Eger, que foi levada aos 16 anos para o campo de concentração de Auschwitz. Lá ela conheceu o inferno sobre a terra: "Após a chegada em Auschwitz, minha irmã Marga e eu fomos despidas e nossas cabeças foram totalmente raspadas. Marga tinha longos cachos louros que costumava enrolar por

22. Klein, Stefan. *A fórmula da felicidade*. Rio de Janeiro: Sextante, 2005, p. 183-185.

horas a fio todos os dias. E lá estávamos nós, em estado máximo de humilhação. Quando ela me perguntou qual era agora a sua aparência, eu lhe disse rindo: Você ainda tem lindos olhos azuis". Edith escreve (1980): "A capacidade de rir contribuiu muito para dominar uma situação de vida sem sentido e torná-la suportável".[23]

Essa história me lembra o filme *A vida é bela* (1997), do diretor Roberto Benigni, no qual pai e filho são levados para um campo de concentração nazista. O pai, procurando evitar que o filho sofra, transforma o inferno do local numa divertida brincadeira, criando um mundo de alegria para seu garoto num local desesperador.

***

Tudo na vida tem um lado positivo e um negativo. Precisamos apenas pensar nas situações que nos aborrecem, procurando nos defender dos pensamentos e sentimentos negativos, exercitando, assim, o nosso lado positivo. É questão de mudar o enfoque das situações.

Nós somos pessoas felizes por natureza, mas com a correria do dia-a-dia e com os noticiários negativos que vemos, lemos e ouvimos a todo momento, acabamos por nos contaminar e o pensamento negativo acaba sempre vindo primeiro em nossa mente, causando-nos ansiedade e infelicidade.

23. Ohm, Dietmar. Op. cit., p. 109.

O médico Eduardo Lambert afirma que "mesmo das experiências negativas podemos tirar uma lição positiva. Só isso já nos deve fazer crer que a vida é boa, bela, gostosa de se viver, e que à nossa volta tudo está vivo, tudo é vida".[24]

Ainda segundo o doutor Lambert, "o otimismo e o positivismo nos guiam para tudo o que é bom e já que 'semelhante atrai semelhante', vamos melhorar nossas vibrações, atraindo pessoas, coisas e energias boas, para sorrir com alegria".[25] Esse é o segredo! A propósito, você sabia que o livro *O segredo* aponta o poder do riso como um dos bons segredos da vida? Pois é, leia-o e confira você mesmo.

Dietmar Ohm nos ensina que o problema, é claro, não é resolvido pelo riso, mas deixa de ser exclusivamente um peso ou uma sobrecarga levando a um sentimento de liberdade, por meio do qual, por exemplo, diminuem-se irritações, desesperança e sentimentos de impotência.[26]

Para o escritor Jack Lawson, devemos aprender "a ver a verdade na mentira, o bem no mal, a oportunidade que inevitavelmente se encontra em qualquer dificuldade. Tudo aquilo que à primeira vista parece negativo tem seu lado positivo. Não caia na armadilha de julgar de modo prematuro as coisas que lhe acontecem ou as pessoas que encontra no seu caminho".[27]

24. Lambert, Eduardo. Op. cit., p. 27.
25. Ibidem, p. 34.
26. Ohm, Dietmar. Op. cit., p. 112.
27. Lawson, Jack. Op. cit., p. 56.

Enfim, tudo na vida tem lado positivo e lado negativo; nós é que devemos decidir qual dos dois lados escolher. Eu defendo sempre que devemos preferir o lado positivo, por pior que seja a situação, pois com isso poderemos nos divertir mesmo diante das adversidades. Quando você conseguir rir de seus erros ou sofrimentos, terá conquistado a sua independência emocional.

Em algumas situações, devemos mesmo esperar o pior, até para nos preparar melhor, mas essa não deve ser nossa atitude constante, pois ela tem o poder de atrair negativismos.

Se ficarmos sempre esperando ou remoendo o pior, entristeceremos a nós e aos que vivem ao nosso lado. Porém, quando procuramos ver o lado positivo de tudo, elevamos nosso bom humor e atraímos as pessoas de bem com a vida para junto de nós, fortalecendo-nos ainda mais para encarar as adversidades da vida e, com isso, vivermos mais felizes.

Pesquisas

1 O psicólogo Lyubomirsky, em pesquisa realizada em 1994, concluiu que as experiências de vida das pessoas felizes e infelizes tendem a ser muito semelhantes. A diferença é que a pessoa infeliz (não estamos falando de grandes desgraças) passa boa parte do tempo pensando no que lhe acontece de negativo, ou mesmo nos aspectos negativos de acontecimentos positivos, ao passo que as pessoas felizes tendem a valorizar tudo o que lhes acontece de posi-

tivo ou a extrair o aspecto positivo de todas as suas experiências.[28] Se temos um copo com água pela metade, o infeliz o vê meio vazio, o feliz o vê meio cheio.

2 O Instituto Nacional de Saúde Mental dos Estados Unidos investiu 10 milhões de dólares para investigar o método Robinson Crusoé, que os cientistas denominaram de Terapia Comportamental Cognitiva (TCC).

O estudo, que consiste em ajudar o paciente a mudar de perspectiva, durou seis anos, e dele participaram centenas de pessoas com depressão de gravidade média e alta. O nível de eficácia foi de 60% de cura e, diante da combinação de remédios e TCC, o percentual de cura aumentou, e os riscos de recaída diminuíram. "O método Robinson Crusoé é tão fácil e ao mesmo tempo tão eficaz, que é recomendável para qualquer pessoa".[29]

Dicas

i) Sempre que algo de ruim lhe acontecer, mude de atitude. Respire fundo e lembre-se de que você é uma pessoa feliz, que não nasceu para sofrer e pense no lado positivo da situação. Para ajudar pergunte-se: Poderia ser pior?

28. Niven, David. *Os 100 segredos das pessoas felizes*. 5. ed. Rio de janeiro: Sextante, 2001, p. 16.
29. Klein, Stefan. Op. cit., p. 184-185.

ii) Adote um caderno para fazer anotações positivas para cada situação negativa pela qual você se lembre que tenha passado. O papel é mágico, pois o simples fato de anotarmos nele tudo o que nos atormenta já é um importante passo para nos livrarmos dessas aflições.

iii) Vamos exercitar o nosso lado positivo, como faz Poliana com o seu "jogo do contente", e gerar felicidade para nós e para todos aqueles que estão próximos de nós. Leia *Poliana* e, ao final, você chegará à conclusão de que é tão feliz quanto as pessoas realizadas e bem-sucedidas.

> "No final tudo acaba bem, e se não está bem, é porque ainda não acabou."
>
> Autor desconhecido

Piadas de salão

i) Um homem e uma mulher solteiros trombam fortemente seus carros, destruindo-os, mas ambos não sofrem um arranhão. Depois de conseguirem sair dos carros, a mulher diz:

— Olha só o lado positivo deste acidente! Você, um homem, e eu, uma mulher, saímos ilesos de um acidente desses! Só pode ser um sinal. Estamos tendo uma oportunidade para nos conhecer e quem sabe ficar juntos para o resto da vida!

— Concordo! Isso deve ser um sinal! Diz o homem.

A mulher continua:

— E olha só outro ponto positivo! Meu carro ficou totalmente destruído e esta garrafa de uísque não quebrou! Vamos beber e comemorar essa sorte, que é mais um sinal.

Em seguida, ela entrega a garrafa ao homem, que já vai logo tomando vários goles diretamente no gargalo e depois devolve a garrafa para a mulher, que sem nada beber, coloca a tampa e a devolve ao homem. Ele não entende o gesto e pergunta:

— Você não vai beber?

— Não! Eu vou esperar a polícia chegar com o bafômetro.

ii) Segundo a filosofia dos chefes, "se você é capaz de sorrir quando tudo deu errado, é porque já descobriu em quem colocar a culpa".

AUTO-AVALIAÇÃO

Qual o seu **nível de alegria** (de 1 a 10) ao final deste capítulo? 8. Compare-o com aquele da página 16. Está ficando animado(a)? Sim

Compare-o com aquele da página 16.

Espaço para anotações pessoais

CAPÍTULO 4

CONTANDO UMA PIADA — O RISO COM PERMISSÃO

"Se a pessoa me faz rir,
sou sua escrava para o resto da vida".

Bette Midler, *Seleções Readers´s Digest,* outubro de 2003, p. 105

HISTORINHA

No caminho para o *shopping*, o doutor Risadinha encontra Marcela, que parece indignada:

— Olá Marcela. Que bela tarde, não? Bonito seu vestido rosa!

— Obrigada, Risadinha! A tarde está bela sim, mas eu estou muito chateada. Na verdade, eu estou é super, hiper, ultra, mega, *power* nervosa.

— Caramba, Marcela! Faz tempo que não te vejo assim, tão indignada. O que aconteceu? Posso ajudá-la?

— Sabe o que é, Risadinha, hoje encontrei um pessoal da escola e fiquei muito feliz por isso, mas durante nossa conversa, um deles começou a contar piadas.

— Mas, Marcela, a piada é um ótimo recurso para alegrar o grupo e torná-lo mais agradável e descontraído. Aliás, você sabia que o grande segredo de uma boa piada é a surpresa do final, é a conclusão inesperada? Já sei, seu colega não sabia contar piadas!

— É, de fato ele não sabia mesmo, mas o pior é que incluiu nelas uma de nossas colegas ali presente, que ficou muito constrangida, e eu, percebendo que ela, para não estragar o encontro, aceitava aquela grosseria quieta, parti em sua defesa e iniciei a maior discussão, que acabou por encerrar o nosso encontro.

— Puxa, Marcela, que bela atitude a sua! Parabéns! Você teve toda a razão, porque contar piadas é muito bom, mas quando incluímos alguém nelas, que não seja nós mesmos, devemos ter prévia permissão, sob pena de causarmos aborrecimentos e constrangimentos. Além do que, fazer piadas de outras pessoas, sem permissão, faz mal para os dentes! Sabia? Rá! Rá! Rá!

— É mesmo, Risadinha, minha vontade era de quebrar os dentes dele. Rá! Rá! Rá!

— Para você ir se acalmando, Marcela, que tal me acompanhar até o *shopping*? Vou lhe contando algumas piadas para que você volte ao seu bom humor natural e consiga se distrair.

— Aceito o convite, Risadinha. E, para começar, você poderia me contar aquela piada do português e o jogo do par ou ímpar? Ouvi dizer que é muito engraçada.

— E é mesmo. Mas esta eu vou deixar para o Aldão lhe contar. Ele está me esperando lá no *shopping*. Enquanto isso, eu vou lhe contar a piada do rapaz que foi assistir a uma tourada na Espanha. Você conhece?

***

Segundo Mariana Funes, "o riso pode ser classificado como um reflexo, como no caso das cócegas. Pode ser uma reação voluntária a um evento, como ao ouvir uma piada... Pode ser o resultado de algo inesperado".[30]

Por isso é que o segredo de uma boa piada está em sua conclusão inesperada. É como as cócegas. Você não consegue fazer cócegas em si mesmo, consegue? E sabe por que não? Porque a mensagem chega ao cérebro antes mesmo de você tocar em seu corpo, ou seja, o final já é conhecido, não causará surpresa. É por isso que fazer cócegas só funciona em outras pessoas, pois elas não estão esperando — mesmo que estejam, não sabem com que intensidade e de que modo elas ocorrerão.

A piada funciona da mesma maneira: quando conhecemos o seu final, podemos até rir para não perder o amigo, po-

30. Funes, Mariana. Op. cit., p. 39.

rém com certeza não será uma gargalhada igual àquela gerada pela criativa e inesperada primeira vez.

O médico e jornalista científico Ulrich Kraft explica que entre ouvir uma piada, achá-la engraçada e rir, existe um processo trabalhoso, o qual demanda vários passos do pensamento, que se passam em apenas alguns segundos. Primeiro, especulamos sobre o desfecho lógico da história, substituído por um final inesperado. De início, a comicidade do arremate parece sem sentido, pois não se encaixa no contexto. Essa é a razão de ficarmos perplexos por um breve instante. Depois o cérebro se lança à solução do problema. Abandonamos, então, o ponto de vista inicial e procuramos uma perspectiva a partir da qual a comicidade da conclusão seja compatível com o restante da história. Por fim, ocorre-nos que o sentido da piada, adquirido com a mudança de perspectiva, talvez não seja óbvio, mas é divertido e atestamos esse novo e surpreendente conhecimento no mínimo com um sorriso.[31]

Devemos sempre nos lembrar que a piada saudável é aquela que nos faz rir com alguém e não de alguém. Isso porque *rir de* alguém não é legal e, ao final, acaba desagregando, pois ainda que os acompanhantes riam, sempre ficarão com um pé atrás por temerem que, em algum momento, eles mesmos sejam o alvo do piadista. Porém *rir com* ajuda a confortar,

31. Kraft, Ulrich. "Dossiê de bem com a vida: o poder do riso". *Revista Mente e Cérebro*. Disponível em: <www2.uol.com.br/vivermente/dossie/dossie_de_bem_com_a_vida_-_o_poder_do_riso.html>. Acesso em: 3/9/2008.

a aproximar as pessoas que nos acompanham. Tenham certeza de que pessoas autoconfiantes e seguras tendem a *rir com* outras pessoas, pois aquelas que *riem das* outras pessoas são inseguras.

E sempre devemos ter permissão para rir de estereótipos ou grupos étnicos, mesmo que colocando-os num contexto de brincadeira, sob pena de gerarmos um riso doloroso.

O poeta alemão Goethe registrou isso muito bem: "O caráter de um homem pode ser claramente percebido pelo que ele demonstra achar engraçado".[32]

Enfim, devemos sempre procurar contar uma piada por dia ou encontrá-la ao nosso redor durante o cotidiano, pois ela nos acompanha dia e noite. Pare, olhe para os lados e perceba a presença dela.

Entretanto, minha principal recomendação é para sempre rirmos *com as* pessoas e não *das* pessoas, porque assim faremos bom uso dessa poderosa ferramenta de convivência. Caso contrário, poderemos perder os dentes.

Lembre-se: a piada pode parecer boa, divertida e saudável, mas nunca valerá perder o amigo por ela.

"A vantagem de ter péssima memória é divertir-se muitas vezes com a mesma piada, como se fosse a primeira vez."

Seleções Reader's Digest, setembro de 2003, p. 55

32. Holden, Robert. Op. cit., p. 90.

Pesquisas

1 O psicólogo Arthur Koestler foi um dos pioneiros a ligar o riso à criatividade, utilizando como exemplo a compreensão das piadas. Segundo seu estudo, uma piada funciona quando, ao esperarmos que ela nos leve a um final conhecido, de repente ela dá uma reviravolta para um final não imaginado por nós, extrapolando nossas expectativas e provocando, assim, o riso.[33]

2 Em 1990, o professor alemão de psicologia Franz-Josef Hehl estudou a relação entre o grau de sintomas físicos de doenças e o humor em oitenta estudantes. Ele observou três tipos de desenhos de humor quanto a seu conteúdo humorístico: piadas de conteúdo duvidoso, piadas sem sentido e piadas eróticas. Ao final, obteve o seguinte resultado: os estudantes que não conseguiram rir de nenhuma das piadas eram aqueles que também apresentavam o maior número de sintomas físicos.[34]

3 Em janeiro de 1979, os psicólogos James Hassett e John Houlihan publicaram no jornal *Psychology Today* [Psicologia Hoje] uma fascinante pesquisa intitulada "Uma piada para cada tipo de pessoa", que compila 14 500 questionários de humor. Sua conclusão é: "se nossa piada predileta

33. Funes, Mariana. Op. cit., p. 168.
34. Ohm, Dietmar. Op. cit., p. 118.

não causa efeito, achamos logo uma desculpa, como: "Acho que não contei direito" ou "Não sou bom em contar piadas". Da próxima vez que sua piada preferida não causar gargalhadas, em vez de ficar imaginando que você falhou, experimente tentar desvendar o mistério do motivo que leva as pessoas a rir".[35]

4 O psicólogo Peter Derks, da Faculdade William & Mary, na Virgínia, tornou visível, com o auxílio da eletroencefalografia, o salto mental entre ouvir uma piada, achá-la engraçada e rir.

Enquanto dez participantes de uma experiência liam ou ouviam uma série de piadas, ele registrava o padrão da atividade elétrica no cérebro, fixando um eletrodo adicional ao músculo zigomático dos voluntários para identificar o momento exato da risada.

Constatou-se que a atividade cerebral não se restringe a determinada área, mas ocupa grande parte do córtex, e que o hemisfério norte, particularmente o lobo frontal direito, deve ter relação com o senso de humor, pois pessoas com alguma lesão nessa área não apenas sofrem de alterações da personalidade como tendem também a achar tudo engraçado, rindo demais e nos momentos errados.[36]

35. Holden, Robert. Op. cit., p. 93.

36. Kraft, Ulrich. Op. cit.

Dicas

i) Ria de toda e qualquer piada, pois além de não estar perdendo uma boa oportunidade para rir e exercitar-se física e mentalmente, também incentivará seu contador de piadas a continuar contando-as e, com tal prática, ele melhorará sua *performance*.

ii) Sempre que tiver oportunidade, leia revistas de piadas, ouça diariamente CDs, programas humorísticos de rádio ou de TV e crie o hábito de contar a si mesmo ou para sua família pelo menos uma piada por dia, incluindo-se nela sempre que possível.

> "Às vezes fico rindo sozinho e quem vê pensa que sou idiota, mas não estão sabendo que eu estou rindo porque estou me contando anedotas; e são tão gozadas, que fico rindo... rindo... ."
>
> Citado por Osvaldo Brevigliero em *Kras, kretas e krikturas*. São Paulo: Fabbre, 1969, p. 127

iii) O escritor Eli Rozendo apresenta-nos algumas sugestões para que uma piada tenha sucesso:

- Se você é um **principiante**, prefira as piadas curtas e que se adaptem ao seu estilo.
- **Não decore a piada**, apenas memorize o seu final.
- **A piada para ser personalizada** não deve ser lida, ela precisa ser contada.

- Não gaste muito tempo **explicando o início da piada**, pois ninguém gosta de ser chamado de ignorante.
- **Adapte a piada à platéia** e não se esqueça de pedir permissão.
- Se a **reação dos ouvintes** não for a esperada, não desanime. Vale a pena tentar outra vez, com outro grupo, outro dia. Talvez o problema esteja no grupo e não na piada.
- Se a pessoa lhe fizer **perguntas para entender a piada**, esqueça: essa já está perdida.
- Um bom contador de piadas precisa ser também um pouco ator, isto é, precisa **saber representar**.
- Só faça **imitações** se você souber imitar muito bem.
- **Nome nas piadas.** Para evitar trocá-los, use sempre os mesmos nomes nas piadas e de preferência o seu ou de alguém que tenha lhe dado permissão. Existem nomes, já consagrados, que servem para caracterizar a personagem. Ex.: Joãozinho (garoto esperto) Manuel e Joaquim (portugueses), Severino (nordestino) etc.
- Só use **expressões de gíria ou palavras estrangeiras** se tiver certeza de que todos as conhecem.
- **Evite a repetição.** Contar muitas piadas em seguida sobre o mesmo tema faz com que a graça diminua porque geralmente o final já não é surpresa. Segundo o doutor Risadinha, piada é como mágica, nunca deve ser repetida para um mesmo grupo.
- **Piadas velhas.** Há o risco de muitas pessoas já as conhecerem, mas quando a piada é boa, as pessoas acabam rindo, valendo lembrar que uma piada velha é nova

para quem nunca a ouviu, principalmente quando os ouvintes são jovens.

- **Ria** das piadas que conta.
- Ainda que você conheça muitas piadas, **deixe os outros contarem** também.
- Se, num grupo, alguém começar a contar uma **piada que você já conhece**, fique calado. Preste atenção, pois é possível que você aprenda uma maneira mais interessante de contá-la.[37]
- Mas, conforme recomenda Heródoto Barbeiro, âncora de programa de jornalismo em rádio e professor de História, em uma apresentação, aula, palestra etc., se você não souber contar uma piada, esqueça. Prefira encontrar coisas engraçadas no conteúdo do tema desenvolvido.[38]

Piadas de salão

i) Marcela fala para o irmão Kiko:

— Acho que temos visita.

— Como é que você sabe? — pergunta Kiko.

— Acabei de ouvir a mamãe rindo de uma das piadas do papai.

ii) Por que as piadas sobre o chefe não funcionam?

Porque os chefes não acham graça em nenhuma delas e as outras pessoas não acham que são piadas.

37. Rozendo, Eli. *Como contar piadas e anedotas*. Rio de janeiro: Tecnoprint/Ediouro, 1991, p. 10-114.
38. Barbeiro, Heródoto. Falar para liderar. São paulo: Futura, 2003, p.65.

Auto-avaliação

Qual o seu **nível de alegria** (de 1 a 10) ao final deste capítulo? 8___. Compare-o com aquele da página 16. Legal! Até parece piada, não?

Espaço para anotações pessoais

CAPÍTULO 5

A IMPORTÂNCIA DO RISO NO RELACIONAMENTO AMOROSO

"Ações dizem mais que palavras, e um sorriso diz: 'Gosto de você. Você me faz feliz. Fico muito contente em vê-la'."

Dale Carnegie

Historinha

Chegando ao *shopping*, Risadinha e Marcela vão até o quiosque do doutor Risadinha ver se está tudo bem com a Goreth e a encontram muito inconformada:

— Oi, Goreth. Boa tarde! O que aconteceu? Por que você está chateada?

— Oi, Risadinha. Oi, Marcela. Boa tarde. É que um jovem casal que vem passear no *shopping* toda semana sempre passa por aqui discutindo. Risadinha, me diga como poderão manter o relacionamento desse jeito?

— Puxa, Goreth, de fato, não é nada agradável presenciar discussões entre pessoas que se amam, não é! Uma vez ou outra tudo bem, é até saudável, mas não há relacionamento que se mantenha diante de brigas diárias.

— E como podemos ajudá-los? Eu sei que em briga de "marido e mulher não se mete a colher", mas não há algo que possamos fazer para amenizar a situação? Olha, lá vêm eles, e já estão discutindo!

— Espere aí, Goreth! Vamos tentar uma técnica que a Andréa usou alguns dias atrás e deu certo, que é despertar o riso e a alegria entre eles. Deixa comigo!

— Bom dia, pessoal. Vocês já viram nossos animais animados e divertidos? Venham dar uma olhadinha, sem compromisso. É só para se divertirem!

— Olhem esta vaquinha, ela pula e dá uma gostosa gargalhada! E este macacão aqui, cheguem perto dele e o bicho começará a gritar e tremer! Rá! Rá! Rá! Não são divertidos?

— São muito engraçados! — diz o Romeu. — E muito bonitinhos, também! — completa a Julieta. E juntos perguntam: — O que fazem estes cachorrinhos?

— Deixem-me mostrar para vocês! Goreth se adianta e toma conta do pedaço.

— Este aqui dança e canta uma música muito famosa! Não é lindo? Mas vocês vão gostar mesmo deste aqui com gravatinha-borboleta, pois ele é muito romântico! Querem ver?

— Queremos, sim. Estamos curiosos para saber o que ele faz! — dizem juntos o Romeu e a Julieta, já com um belo sorriso no rosto e abraçadinhos.

— Vejam! Ele dança e canta esta música romântica, não é uma graça? — pergunta-lhes Goreth, dando uma olhadinha para o doutor Risadinha, acompanhada de um sorriso, como quem diz: "Está dando certo!".

— Vou levar este aqui para você, amor! — declara o Romeu para sua Julieta, depois de tanto rirem. — Adorei, amor! Ele é mesmo lindo e tão romântico! — ressalta a Julieta.

— Goreth, você pode embrulhá-lo para presente? — solicita o Romeu.

— É pra já! — diz a Goreth pegando o papel de presente e dando aquela piscadela para o doutor Risadinha, como forma de dizer: "Oba, funcionou!".

— Goreth, muito obrigado. Você é mesmo muito simpática e atenciosa, voltaremos mais vezes! Despede-se o casal quando então o Romeu vira-se e diz baixinho para Goreth:

— Obrigado, você salvou o nosso dia!

— Será sempre um prazer atendê-los e voltem sempre, nem que seja somente para se divertir! — Diz a Goreth, toda alegre e renovada.

— Parabéns, Goreth. Você conseguiu!

— Obrigada, Risadinha. Estou tão feliz! A alegria ajuda mesmo a fortalecer os relacionamentos.

— É isso aí, Goreth! Opa, espera aí com a Marcela que eu vou até ali chamar o Aldão e a Lene.

> **"O riso é a melhor maneira de fazer um coração bater."**
>
> Robert Holden

Caso

Logo nos primeiros meses de funcionamento do quiosque doutor Risadinha, Andréa passou por uma situação semelhante a essa. Depois de investir algum tempo em um casal mostrando-lhes, sempre com muita atenção e alegria, todos os bichinhos animados que tínhamos, destacando os aspectos românticos e divertidos de todos eles, conseguiu reverter a tristeza da garota facilitando a reaproximação do Romeu.

> "O sorriso é linguagem do amor."
>
> Autor desconhecido

Segundo Robert Holden, um dos tipos de riso é o riso compartilhado ou humor de união. O riso compartilhado ajuda as pessoas a descobrir quem tem coisas em comum. Mesmo as maiores amizades se tornam estranhas sem a troca de sorriso ou de humor. Rir ajuda a melhorar ou aprofundar o relacionamento que temos com nós mesmos e com as outras pessoas.[39]

O psicólogo Rod Martin, da Universidade de Western Ontario, Canadá, pondera que o humor costuma ser um aliado no jogo da sedução, pois uma cantada bem-humorada pode até não dar resultado, mas é garantia de que a conversa não será interrompida bruscamente, com constrangimento para ambas as partes, sendo que a tentativa pode até terminar em

39. Holden, Robert. Op. cit., p. 72-73.

boas risadas e abrir as portas para um segundo encontro entre o casal, nem que seja como bons amigos.[40]

O riso é um dos melhores combustíveis para mantermos longos relacionamentos. Rindo aprendemos a viver e a amar alegremente. Muitas amizades se estabelecem e se fortificam com o riso.

Dentre as dez revelações sobre o riso, Holden destaca a primeira como sendo "rir é amar": podemos aprender a amar por meio do riso. Assim como o amor, o riso representa diversão, alegria e união com as pessoas. Rir nos ajuda a amar sempre.[41]

É bem mais fácil para duas pessoas compartilharem o amor quando também compartilham o riso. Ele nos ajuda a amar. W. Grant Lee escreveu que "o riso estabelece laços de amizade. Enquanto riem juntas, as pessoas deixam de lado sua condição de velho ou jovem, professor ou aluno, chefe ou empregado. Passam a ser simplesmente um grupo, desfrutando juntos a existência".[42]

Família que brinca unida permanece unida. Uma família que ri unida convive melhor. O riso incentiva o amor e a aproximação. O exemplo dos adultos encoraja os mais jovens a manter o espírito do bom humor por toda a vida.[43]

Eu considero o riso como sendo a melhor flecha que o Cupido pode utilizar. E digo isso por experiência própria, pois

40. Carelli, Gabriela. Op. cit.
41. Holden, Robert. Op. cit., p. 98.
42. Ibidem, p. 97-98.
43. Ibidem, p. 94-95.

ele funcionou comigo e continua me ajudando na manutenção do casamento. Isso porque é muito mais agradável conviver com uma pessoa bem-humorada e alto astral do que com aquela pessimista, que vive "pra baixo" e tenta nos carregar para junto dela.

O riso é também uma preliminar muito importante no ato sexual, pois ele relaxa os músculos, relaxa tudo, inclusive os medos, os traumas e as tensões. É uma verdadeira salvação para os casais.[44]

> **"Não consigo encontrar uma característica comum naqueles que aprecio ou admiro, mas entre aqueles que amo existe um traço em comum: todos me fazem rir."**
>
> W. H. Auden, poeta inglês

Pesquisas

1 Conforme R. Holden, na virada do século XX foi descoberto um fenômeno social especial, antigo e mundial, chamado "relacionamento de brincadeiras". O termo descreve um padrão de comportamento social que envolve brincadeiras e humor entre duas pessoas que são associadas uma à outra, seja por laços de parentesco, seja pelo casamento.

A única regra severa era que não houvesse nenhum tipo de ofensa. Um deles começa uma conversa divertida e o

44. Banana, Ana. *Ria agora*. Lisboa: Ariana, 2008, p. 142-143.

outro a complementa. Todos deveriam ter um amigo ou alguém com quem se relacionar assim.

É uma verdadeira bênção saber que há pessoas que nos fazem rir e com quem podemos passar ótimos momentos ou a quem podemos procurar em momentos difíceis, pois com certeza nos ajudarão a sorrir. É esse o objetivo dos relacionamentos de brincadeiras.[45]

Holden nos conta ainda que uma pesquisa na área de comunicação interpessoal apontou que as três principais (e mais sensuais) características de um Romeu ou de uma Julieta são: belo sorriso, bom humor e risada gostosa. Os homens, em geral, respondem ao sorriso feminino e as mulheres gostam de homens bem-humorados. E ambos gostam de compartilhar o riso.

A qualidade do sorriso também revela se a pessoa está sendo ou não sincera. Lembram-se do "sorriso de aeromoça" citado no capítulo 2, sobre a fisiologia do riso? Pois é, o sorriso amarelo ou sarcástico é fácil de ser detectado e com certeza não agradará quem o recebe.

Nas paqueras, o riso pode ajudar a relaxar os nervos, a acalmar a ansiedade e as palpitações do coração. As pesquisas sobre o humor revelam que, em geral, os homens se esforçam mais para ser engraçados que as mulheres. Se elas fogem à regra e começam a contar boas piadas, eles

45. Holden, Robert. Op. cit., p. 93-94.

podem se assustar, pois o bom humor em uma mulher costuma indicar autoconfiança, conhecimento, inteligência e personalidade bem desenvolvida.[46]

3 Estudos feitos na Universidade do Colorado indicam que, quanto mais uma pessoa está satisfeita com o próprio casamento, mais ela valoriza o senso de humor do parceiro.[47]

4 Robert Provine é um cientista norte-americano que dedicou dez anos de sua vida a fazer um estudo intensivo sobre o riso. Ele chegou à conclusão de que o riso tem poderosa influência no processo de conquista:

- O macho faz palhaçadas para que a fêmea ria. Tudo com o objetivo de captar o interesse dela.
- A fêmea relaxa e sente-se à vontade com o macho após ter rido.
- O macho, ao ver a fêmea rir, sente uma enorme atração pela expressão de beleza que ela passa a revelar.
- Por sua vez, a fêmea sente o bem-estar que as endorfinas liberam no seu corpo ao rir e deseja mais.
- O macho oferece mais palhaçada e assim por diante. É um processo natural de acasalamento.[48]

---

46. Holden, Robert. Op. cit., p. 95-97.
47. Carelli, Gabriela. Op. cit.
48. Banana, Ana. Op. cit., p. 138-139.

"Quero fazer minha mulher rir mais. O riso traz amor."

Rabino Shmuley Boteach, na revista *Seleções Reader's Digest* em setembro de 2003, seção Entre Aspas, p. 43

Dicas

i) Se você já for casado(a), tenha sempre à mão o álbum de fotos e/ou filme de seu casamento, pois eles ajudarão a resgatar a alegria e o riso do motivo pelo qual vocês estão juntos e deverão assim se manter.

ii) Eu sempre costumo escrever breves mensagens para minha mulher e meus filhos em alguns dos livros que leio. Minha intenção é que eles se surpreendam positiva e alegremente com essas mensagens se algum dia se interessarem por essas leituras.

Então, pensando em você, recomendo que aproveite as linhas da página 71 para escrever uma alegre mensagem de amor e carinho para sua cara-metade, seja ela sua (seu) namorada(o), mulher ou marido, amiga(o). Pode também escrever para seu pai, sua mãe ou seus filhos. Ou até mesmo escrever para algum parente ou colega, esteja ele distante ou próximo.

Imagine a surpresa que você lhes causará quando chegarem ao ponto do livro em que estiver sua carinhosa mensagem! Acho até que eles deixarão escapar algumas lágrimas de alegria e emoção e com certeza guardarão o livro num lugarzinho especial pelo resto da vida. Gostou da idéia? Legal, então capriche na mensagem e presenteie-os.

iii) Pratique o riso com quem você ama e depois me escreva para contar o que conseguiu.

"Por trás de todo grande homem
há uma mulher achando graça."

JIM CARREY, ator

PIADAS DE SALÃO

i) Em uma discussão na loja de departamentos, a vendedora Luci vira-se para o cliente e diz:

— O senhor é tão irritante que, se eu fosse sua mulher, colocaria veneno no seu café!

O cliente, não menos irritado, responde:

— Ora, minha senhora, se eu fosse seu marido, tomaria com prazer tal café...

ii) Adão e Eva colhiam maçãs no Paraíso quando Eva pergunta:

— Adão, você me ama?

E Adão resmungando responde:

— E eu lá tenho outra escolha?

Auto-avaliação

Qual o seu **nível de alegria** (de 1 a 10) ao final deste capítulo? 9. Compare-o com aquele da página 16. Você é mesmo um amor de pessoa!

Espaço dedicado a uma mensagem de amor e carinho para uma pessoa muito especial

CAPÍTULO 6

CHORANDO DE TANTO RIR

> "Quando usamos os dons de uma lágrima
> ou de um sorriso não há prejuízo."
>
> Extraído de *The Circle is Sacred*, citado em *Sorriso*, de Helen Exley

Historinha

No *shopping*, o doutor Risadinha encontra Aldão em companhia de Lene, que chorava, e lhe pergunta o que aconteceu:

— Oi, Lene. Porque você está chorando!

— Oi, Risadinha. É culpa do Aldão. Ele me contou uma piada tão boa, que estou chorando de tanto rir!

— Ufa! Então é por isso! Que ótimo. De você eu não poderia esperar outra coisa, Aldão!

— Você também quer ouvi-la, Risadinha?

— Claro que sim. Mas antes deixe-me aproveitar a oportunidade para lhes explicar por que choramos de tanto rir. Vocês gostariam de saber?

— SSSiiimmmm! — respondem ambos.

— Isso ocorre porque tanto o riso quanto o choro nascem no mesmo local do cérebro, chamado de hipotálamo, e também porque temos uma pequena glândula no canto dos olhos, próximo ao nariz, que quando apertada repetidamente, pelo esforço do riso, acaba por liberar as lágrimas.

— Puxa, Risadinha. Você sabe mesmo tudo sobre o riso, hein!

— Quem me dera! Eu apenas gosto de ler sobre ele. Quem conhece bem são os nossos colegas cientistas do riso, também chamados de gelotólogos.

— "Gelo" o quê? O que isso quer dizer?

— Gelotólogos são os estudiosos do riso. Vem do grego *ghelos* que significa "riso".

— Bom, então você também é um gelotólogo, não é, Risadinha!

— É, podemos dizer que sou um gelotólogo iniciante, pois gosto muito de estudar tudo sobre o riso. Agora espero que vocês também se tornem gelotólogos, procurando sempre conhecer um pouco mais sobre esse assunto muito sério.

— É isso aí, Risadinha. E por falar em assunto sério, você soube quem faleceu?

— Pois é, o Paulinho me informou que nesta noite será o velório de nosso amigo. Eu irei lá para oferecer uma palavra de consolo aos familiares. Mas antes vamos dar um passeio pelo *shopping* e enquanto ouvimos piadas do Aldão, sempre inéditas e divertidas. A Marcela está lá no quiosque com a Goreth, esperando para ouvi-las.

> **"Do mesmo poço onde nasce a tristeza, nasce a alegria."**
>
> Gibran Khalil Gibran, poeta libanês,
> citado por Eduardo Lambert, op. cit., p. 60

Segundo Mariana Funes, "o riso e o choro estão localizados no mesmo lugar do cérebro, o hipotálamo. Estimule o lugar em uma certa freqüência e você obterá lágrimas; estimule o mesmo lugar em outra freqüência e você obterá riso".[49]

Rir e chorar são as maneiras pelas quais reequilibramos nosso corpo. Podemos chorar de tanto rir e nos pegar rindo após tanto chorar. Os dois processos não são tão independentes — nem devem ser —, uma vez que ambos são um meio de obter a mesma coisa: a liberação da emoção. Portanto, é plenamente apropriado rir e chorar quando morre um ente querido, assim como no casamento de alguém que estimamos.[50]

Também gostaria de destacar outro aspecto. Tanto o riso quanto o choro expressam emoções. Quando falamos de emoções, estamos falando de sensibilidade. Por isso também costuma ser mais freqüente as pessoas sensíveis serem os melhores exemplos de pessoas que riem de tanto chorar e que choram de tanto rir.

49. Funes, Mariana. Op. cit., p. 58.

50. Ibidem, p. 65.

Lembre-se daquelas pessoas que você conhece, principalmente as mulheres, que normalmente são mais sensíveis, e me diga depois se estou certo ou não.

Apesar de meu objetivo ser divulgar e promover os benefícios da alegria sobre a tristeza, e do otimismo sobre o pessimismo, não posso deixar de destacar também a importância do choro, pois como diz um sábio, que deve ser chinês, "o choro é a válvula de escape do coração". Assim sendo, quando necessário, devemos permitir que as lágrimas corram pelo nosso rosto, porque muitas vezes formam elas "uma tempestade que limpa o nosso céu interior e lava a nossa alma, exercendo um efeito terapêutico sobre o nosso corpo".

Devemos sempre lembrar do ditado: "após a tempestade sempre vem a bonança". Assim, são preferíveis alguns curtos momentos de pranto a longos dias de tristeza e infelicidade.

Aliás, no meu entendimento, o riso e o choro devem existir, pois se completam e não se anulam. Podem até coexistir: chorando-se de tanto rir ou rindo-se de tanto chorar. O riso e o choro são como o sol e a chuva, necessários para uma boa colheita. E para provar que eles coexistem, lembre da expressão: "Sol e chuva, casamento de viúva; chuva e sol, casamento de espanhol". Já notou que até existem semelhanças entre eles: pois com "CH" começam a CHuva e o CHoro e com SORRISO recebemos o SOL e RISO?

Agora que já falamos demais sobre o choro, vamos voltar a sorrir e rir pra valer (qua! qua! qua!), porque é muito saudável e gostoso.

Pesquisa

Esta pesquisa você mesmo pode realizar. Vá até uma igreja em dia de casamento e assista à cerimônia, observando atentamente os convidados. Anote o número de pessoas que riem e choram ao mesmo tempo. Perceba ainda aquelas que começam rindo e terminam chorando, em ato-contínuo, e vice-versa.

> "Há tempo para chorar, e tempo para rir."
>
> Eclesiastes 3: 4

Dica

Não tenha vergonha de chorar, pois o choro é também emoção e, queira ou não, poderá ainda despertar o riso, que é o nosso objetivo. Portanto, quando tiver vontade de chorar, chore, pois isso lhe fará muito bem. Por mais que eu promova a importância do riso, não é possível ficarmos 100% do tempo rindo, mas devemos nos esforçar para rir mais do que chorar. Aliás, essa história de que homem não chora já era, né? Todo ser humano chora, só as máquinas que não (até aqui!).

Piada de salão

Fico devendo essa a você, leitor, mas se conhecer alguma piada de salão que tenha relação com o título deste capítulo, envie-a para mim, por favor.

Auto-avaliação

Qual o seu **nível de alegria** (de 1 a 10) ao final deste capítulo? __9__. Compare-o com aquele da página 16. Ops! Já está chorando de tanto rir?

Espaço para anotações pessoais

CAPÍTULO 7

O RISO E A MORTE

"Não leve a vida tão a sério, pois você não conseguirá sair vivo dela."

Autor desconhecido

Historinha

À noite, no velório do amigo, o doutor Risadinha encontrou Paulinho, que estava muito triste e choroso:

— Olá, Paulinho. Boa noite. Como estão Aninha e Flávia?

— Oi, Risadinha. Elas estão muito bem, obrigado. E esta noite poderia estar melhor, se não precisássemos estar aqui! Eu não me conformo com esse pessoal rindo lá fora. Não acho que pegue bem neste momento tão difícil para os familiares.

— É verdade, Paulinho! Mas você sabe que eu tenho uma visão diferente sobre a morte, não sabe? Eu a vejo como uma viagem para um lugar melhor por tempo indefinido, e por esse motivo é que, em vez de lamentar a falta de nosso amigo, prefiro agradecer pelo tempo que pudemos compartilhar de sua alegre companhia. Isso alivia a minha tristeza por sua partida, lembrando das divertidas passagens que compartilhamos, despertando-nos o riso respeitoso e merecido. É uma forma de celebrarmos a vida e não apenas chorarmos a morte.

— Olha, Risadinha, eu não havia pensado em considerar a morte sob esse ponto de vista. Vou pensar melhor a esse respeito, mas só esta conversa já me deixa mais aliviado.

— É isso aí, Paulinho! A morte deve ser tão triste quanto a separação por uma viagem e tão alegre quanto a celebração de toda uma vida. Quando eu partir, gostaria de uma celebração alegre e festiva, pois saiba que também irei para um lugar melhor e com a esperança de que, mais cedo ou mais tarde, reencontrarei vocês todos.

— Concordo, Risadinha. A única certeza que temos neste mundo é a de que estamos aqui de passagem e que um dia todos nós partiremos, motivo pelo qual devemos curtir ao máximo cada dia ao lado de nossos amigos e entes queridos. E acho que você ainda tem muita lenha para queimar e muitas pessoas para fazer sorrir.

— Assim também espero, Paulinho. Agora vamos cumprimentar os familiares e oferecer-lhes algumas palavras de conforto. Amanhã de manhã irei à missa, e também rezarei pela paz de nosso amigo e agradecerei a Deus pela oportunidade que nos deu de compartilhar de sua alegria quando em vida.

> "Para rir verdadeiramente você precisa ser capaz de pegar a sua dor e brincar com ela."
>
> Charles Chaplin

Caso

Dietmar Ohm nos conta a história de um homem de aproximadamente 30 anos que estava profundamente desesperado pela morte repentina de sua filha de seis semanas. Sua esposa não conseguia aceitar a morte da criança, então, após uma tentativa de suicídio, foi internada em uma clínica psiquiátrica para tratamento.

Ele não pôde se entregar totalmente à dor, pois tinha de organizar o enterro, o que fez com a ajuda da sogra.

Para a cerimônia fúnebre, vieram os parentes mais próximos e os amigos mais íntimos. Ao lado do homem desesperado estava seu pai, de 80 anos de idade, quase surdo. Para ele, o sofrimento fora tão arrasador que ficara sem dormir. Como quase não conseguia seguir as palavras do pastor devido à surdez, ele adormeceu e começou a roncar ao lado do filho, que precisou fazer grande esforço para — apesar de sua situação desesperadora — não desatar a rir. Quando mais tarde, em uma pequena roda, contou de seus apuros durante a cerimônia religiosa, realmente não conseguiu se segurar e caiu na gargalhada.[51]

Trazemos ao conhecimento também *O velório de Flanagan*, que é o hilariante velório irlandês interativo com a au-

51. Ohm, Dietmar. Op. cit., p. 110.

diência, que é escrito e produzido pela Companhia de Teatro Zeitgeist de Chicago. O show é em parte escrito e em parte improvisado. A comédia se passa na bela cidade imaginária de Grapplin, no Condado de Sligo, na Irlanda, e a paltéia participa o tempo todo como se fosse composta por membros da família e amigos de muito tempo, que contribuem para a lembrança de detalhes da vida de Flanagan, e honram sua memória contando histórias e cantando canções sobre o falecido.[52]

Esta é uma forma de celebrar a vida, muito comum em alguns lugares, como nos conta o escritor, filósofo e psicólogo Hal Urban. Quando foi ao funeral de Bob, um amigo seu, o início da cerimônia foi, de certa forma, surpreendente, pois o pastor pegou um microfone e, caminhando pela igreja, parecia feliz anunciando em voz alta e com um grande sorriso no rosto: "Hoje vamos celebrar a vida!".

Explicando suas palavras, o pastor convenceu os presentes — até mesmo Urban — de que todos estavam ali reunidos para celebrar a vida de Bob, conduzindo a cerimônia com alto astral e citando trechos da Bíblia muito positivos.

A cerimônia foi curta, pois o pastor queria contar com a participação dos amigos de Bob naquela celebração, dando oportunidade para aqueles que desejassem compartilhar alguma recordação boa e positiva sobre ele. Tudo isso transformou a cerimônia numa verdadeira celebração da vida.[53]

52. Funes, Mariana. Op. cit., p. 130.
53. Hurban, Hal. *Palavras positivas, mudanças significativas*. Rio de Janeiro: Sextante, 2007, p. 180-181.

> "Morto aos 30 anos. Sepultado aos 60."
>
> Charles R. Swindol

Jack Lawson nos lembra que à medida que circula o sangue nas veias, sua vida vai para o inexorável fim. Viver é morrer pouco a pouco. A cada segundo que passa morrem várias pessoas no mundo e surge um novo vírus. Tudo é muito sério, tudo é muito importante. Adote uma atitude solene: ria. Ria às gargalhadas pois tudo é uma brincadeira. Cada momento de sua vida é como o ato de uma comédia, só que muitas vezes você não está entre o público.[54]

Segundo Mariana Funes, um velório é definido como "uma vigília ao morto, muitas vezes incluindo festividades". Tradicionalmente, um velório irlandês dura vários dias e conta com a presença de um contador de histórias, que narra muitos casos sobre o falecido. O riso vem naturalmente, sem que haja pessoas especialmente designadas para rir. As risadas provêm das histórias contadas em homenagem à vida da pessoa morta. Mas há também um grupo de mulheres que são as "carpideiras" do velório. As pessoas que vão chegando, se assim desejarem, sentam-se junto às carpideiras e choram desesperada e compulsivamente até não agüentarem mais.

O ritual do velório no Brasil já é um claro exemplo da crença de que não é apropriado rir em certos momentos, particularmente quando a morte nos é próxima, mas seria total-

54. Lawson, Jack. Op. cit., p. 55.

mente inadequado não rir num momento como esse se estivéssemos na Irlanda velando algum parente, por exemplo. Mariana Funes chama isso de "brincar com a dor respeitosamente". O único momento em que o riso não é apropriado é quando isso não é respeitado.[55]

Reconheço que é mesmo difícil falar sobre a morte, mas ela está aí, é a única certeza que temos e precisamos nos preparar para ela, pois está dia e noite acontecendo e cada vez mais próxima de nós.

E por mais que estejamos preparados, ela sempre nos pega pelo lado emocional, isso porque retira de nós algo que amamos. Quanto maior for esse amor, mais nos abalaremos. Dessa forma, mais vale oferecermos uma única flor ao nosso familiar ou amigo quando em vida do que uma coroa de flores por acasião de seu falecimento.

Precisamos estar em paz com esse assunto. Devemos aproveitar ao máximo a companhia das pessoas queridas, sempre positivamente, gargalhando com elas, brincando, extravasando as emoções, para ter muitas lembranças positivas, nós delas e elas de nós.

No meu funeral quero muita festa. E se eu falecer numa sexta-feira, melhor ainda, pois poderemos ter um final de semana prolongado muito festivo, com deliciosos doces, balões coloridos, muita comida gostosa, música, dança, piadas (dou minha permissão para contarem piadas de qualquer tipo) e

55. Funes, Mariana. Op. cit., p. 128-129.

mensagens sobre a minha passagem por esta divertida vida, de forma a deixar todos leves, alegres e em paz.

> "Viva intensamente o dia de hoje como se fosse o último de sua vida; um dia você acerta."
>
> Autor desconhecido

Dicas

i) Faça como meu paizão: aproveite os velórios para reencontrar parentes que há muito tempo não vê e relembrar sempre dos bons momentos vividos com a pessoa que se foi.

ii) Vamos aplicar aqui as dicas do capítulo 3 — "Veja o lado positivo de tudo". Relembre as situações positivas que compartilhou com a pessoa falecida. Daí a importância do perdão em vida. Quando perdoamos, crescemos e elevamos nosso bom humor, aumentando o número de momentos felizes que vivemos e reduzindo o sofrimento no momento da passagem.

iii) Qual cena você gostaria que ficasse registrada no dia de seu velório: todos chorando pela sua ida ou todos alegres celebrando a sua vida? Como você está conduzindo o seu dia-a-dia para ser lembrado ao final de sua vida por seus parentes, amigos e colegas? Será que eles se alegrarão pela sua vida ou pela sua partida? Pense nisso e comece já a se dedicar a alegrar a sua vida e a vida das outras pessoas.

iv) Responda às seguintes questões:

Você encontrou alegria na sua vida?

Você proporcionou alegria aos outros?

Segundo o personagem de Morgan Freeman no filme *Antes de partir* (Rob Reiner, 2007), os antigos egípcios tinham uma bela crença sobre a morte. Quando suas almas chegavam ao Paraíso, os deuses lhes faziam as duas perguntas acima e as respostas determinariam se entrariam ou não. Querido leitor, a sua alma entraria?

> **"Quando as pessoas estão rindo, em geral elas não costumam estar se matando umas às outras."**
>
> Alan Alda, ator norte-americano

Piadas de salão

i) O chefe pergunta para uma de suas empregadas:

— Você acredita em vida após a morte?

— Acredito — respondeu ela.

— Ah, então tudo bem — disse o chefe. — Porque ontem, bem na hora em que você ligou para avisar que estaria no enterro de sua mãe, ela passou por aqui para vê-la.

ii) O chefe da repartição morreu. No dia do enterro, muitos colegas de trabalho foram ao velório. O diretor compareceu para o adeus e ficou junto ao caixão. Um homem falou:

— Doutor, será que eu posso ocupar o lugar dele?

O Diretor olhou para o sujeito, para o caixão do defunto e disse:

— Acho que pode. Mas talvez você fique um pouco apertado ali dentro.

iii) O pastor pergunta à família de Zequinha:

— O que vocês gostariam que dissessem quando vocês estiverem no caixão?

Nathalia responde:

— Gostaria que dissessem o quanto eu ajudei as pessoas.

Mariana diz:

— Gostaria que dissessem o quanto eu gosto de chocolate.

Zequinha responde:

— Gostaria que dissessem o quanto fui trabalhador e bom pai de família.

E, por fim, Raquel diz:

— Pois eu gostaria que dissessem: "Esperem! Ela está se mexendo!

"Tente adiar a hora de nossa morte e, sem dúvida, cada sorriso alegre prolongará a vida de alguém."

John Wolcot, poeta

Auto-avaliação

Qual o seu **nível de alegria** (de 1 a 10) ao final deste capítulo? _10_. Compare-o com aquele da página 16. Ótimo! Agora, cuidado para não morrer de tanto rir!

Espaço para anotações pessoais

CAPÍTULO 8

O RISO NA BÍBLIA

"Um coração alegre faz tão bem quanto o remédio, mas uma alma abatida seca os ossos."

Provérbios 17: 22

HISTORINHA

Na saída da missa de domingo, o doutor Risadinha encontra Lili, Salete e Sara, as quais pareciam muito alegres:

— Olá, meninas. Gostaram da missa? E a dor na perna Lili, está melhor?

— Olá, Risadinha. Minha perna melhorou muito e, quanto à missa, gostei demais. Esse padre Rodrigo é muito inteligente e divertido. Ele consegue fazer uma missa descontraída, alegre e com muita música. Nem dá vontade de a gente ir embora quando ela termina.

— É mesmo, tenho que concordar com você, Lili. Gostei muito quando ele falou que a mensagem principal da Bíblia é "amar uns aos outros" e que é impossível falarmos de amor sem alegria.

— Risadinha, você notou também que quando a missa começou muitos irmãos estavam sérios, alguns cabisbaixos, mas que, à medida que a missa prosseguia, tornavam-se mais descontraídos, alegres e amáveis ao ponto de cantarem, abraçarem-se e sorrirem?

— É mesmo, Sara! Foi uma bela transformação. Como isso faz bem para a nossa alma e nosso coração, né! Acho que todos nós, independentemente de termos uma religião, seja ela qual for, deveríamos trabalhar por um mundo melhor, tratando uns aos outros com muito amor e alegria, pois com certeza não viemos à vida para destruir, prejudicar ou maltratar a nós mesmos e às outras pessoas.

— Você tem toda razão, Risadinha. Nós também achamos que todos temos algo de bom e que cada um tem uma boa missão a cumprir nesta vida. Devemos acordar para essa questão, e essa alegre e descontraída missa nos ajudou a enxergar melhor isso.

— Muito bem, Salete. Agora vamos para casa, pois hoje é domingo, dia de macarronada, e todas vocês estão convidadas para almoçar com minha família.

— Oba! Adoramos macarronada.

— Legal. Então vamos lá! Eu só vou passar antes no colégio para pegar o Kiko, porque ele está fazendo um trabalho voluntário, dando aulas de reforço em matemática para as crianças que ficaram de recuperação.

— Puxa vida, Kiko é mesmo um ótimo exemplo de garoto! — destaca Lili.

Caso

Na década de 1980, época em que eu freqüentava o grupo de jovens da paróquia de São Sebastião, onde conheci Andréa, hoje minha amada esposa e amiga, realizávamos, sob a regência do padre Silva e liderança do Américo, meu padrinho de casamento, uma missa muita descontraída, praticamente toda cantada e tocada. Era uma das missas mais concorridas da paróquia, de tanta alegria que se instalava na igreja durante sua realização. Desde então, eu sempre tive dentro de mim a idéia de que viver com alegria suaviza a caminhada.

Sobre esse assunto, gosto de contar a passagem escrita por Eleanor H. Porter, no livro *Poliana*, quando o reverendo Paul Ford, ensaiando seu sermão para a missa do domingo, sozinho esbravejava aos quatro ventos suas anotações escritas. Era um ataque aos fariseus e hipócritas, pois ele só via em sua paróquia tipos desse naipe e denunciava-os com a violência de um profeta de Israel. Se as árvores tivessem ouvidos, se espantariam com a fúria daquela oratória. Quando caiu em si, perguntou-se se aquele seria o melhor jeito de iniciar seu sermão. Então rezou e rogou aos céus que o guiassem no caminho certo para atingir o coração de sua paróquia.

Nesse momento Poliana apareceu e, ao perceber a tristeza no rosto do reverendo, puxou conversa com ele tentando descobrir o que tanto o aborrecia. Sem sucesso, perguntou-lhe se gostava de ser reverendo, ao que imediatamente ele respondera que sim, mas sem demonstrar muita convicção. Então Poliana confessou-lhe que seu pai, também reverendo, quando se encontrava desiludido com o comportamento da paróquia, vasculhava a Bíblia em busca de textos alegres.

Poliana contou ainda ao reverendo que seu pai dizia que a Bíblia contém aproximadamente oitocentos trechos que nos mandam ficar alegres. Era o que ele chamava "os textos alegres". Todos esses trechos começam com expressões como "alegria", "Sê contente no Senhor", "Rejubila-se" e "Salta de alegria", dentre outras. Se Deus teve o trabalho de nos lembrar a alegria oitocentas vezes é porque desejava que fôssemos alegres, setenciava Poliana.

O reverendo vendo suas anotações, que começavam por algo como "Que a maldição eterna desça sobre vós, escribas, fariseus e hipócritas!", agradeceu Poliana, jogou fora suas anotações e retornou rapidamente para casa, onde colocou-se a pensar sobre as palavras daquela iluminada menina.

Depois de algum tempo e com um profundo suspiro, o reverendo Paul Ford escreveu um novo e alegre sermão. "Foi assim que ele pronunciou no domingo um sermão famoso, verdadeiro toque de clarins em apelo ao que havia de melhor no íntimo de cada homem, de cada mulher, de cada criança que o ouviu. Não era mais o ministro antigo. Poliana tinha feito nascer um outro, que se sentia feliz e pregava felicidade aos ouvintes surpresos."[56]

56. Porter, Eleanor H. *Poliana*. 39. ed. São Paulo: Companhia Editora Nacional, 2003, p. 135.

***

Porque normalmente a Bíblia não é associada ao riso, à alegria?

Ao mencionarmos o Novo ou o Velho Testamento poucos irão pensar em riso e alegria, até porque não aparecem muitas vezes nos textos bíblicos. É só tristeza, castigo, morte! Dificilmente se vê riso e alegria.

Isso porque, no meu entender, o riso tinha o poder de libertar o povo cristão do temor a Deus e da submissão às ordens de seus pastores, os quais, por tal motivo, consideravam o riso uma ação subversiva, capaz de tornar o mundo dos cristãos mais alegre, descontraído, sem a pesada culpa imposta ao longo dos séculos pela religião. Mas se o riso é próprio do homem e este é a melhor criação de Deus, fica claro que o riso é também sua criação, sendo praticamente impossível criá-lo sem ao menos dar algumas boas gargalhadas, ainda que seja por plena satisfação e orgulho por tão maravilhoso trabalho. Concordam?

Mauro Quintaes, carnavalesco da escola de samba Viradouro (Niterói-RJ), abrindo o enredo de 2005 com o tema "A Viradouro é só sorriso", (www.viradouro.com) exemplificou bem essa situação quando declarou: "No princípio era só sorriso. Um sopro de bom humor recaiu sobre a autoridade divina que, inspirada, criou tudo o que há de belo no universo. Mas ainda tomada por um estado de graça e maravilhada com a própria criação, deu vida a um projeto ainda mais ambicioso: criar um ser à sua imagem e semelhança, dotando-lhe de inteligência, sensibilidade e com o privilégio de manifestar uma sensação de prazer e bem-estar por meio de um gesto facial que iria diferenciá-lo dos outros animais — a capacidade de sorrir".

Assim, podemos concluir que, embora o momento da Criação seja narrado sem alegria no livro do Gênesis, o riso aberto estava presente entre nós desde lá.

Segundo Sandra Medeiros Vieira, em seu artigo "Onde está a alegria na Bíblia", o verbo *raa* (no passado), presente no texto hebraico do Gênesis, já foi visto como uma onomatopéia que pode ser associada ao ato de gargalhar. "Há exegetas que acreditam que foi assim que Deus saudou a sua criação. Quando viu que tudo saíra exatamente como quis, a felicidade tomou conta do Senhor e Ele não se conteve: gargalhou. A tradução asséptica do onomatopaico *raa Elohim ki tou*, passando do hebraico para o português, pode também significar "E Deus gargalhou". Algo perfeitamente possível a Deus cuja felicidade ao contemplar a sua criação com certeza se expressaria em um sorriso de satisfação, de plenitude."[57]

Deus aos poucos foi se afastando da convivência com os homens, até se ocultar e passar a ser representado pelo filho, Jesus Cristo, que também era uma pessoa muito alegre e risonha. Seu maior ensinamento — "Amai-vos uns aos outros" — não poderia ser concebido sem alegria. Como amar sem

57. Vieira, Sandra Medeiros. " Considerações sobre um livro milenar ou onde está a alegria na Bíblia". Disponível em: <www.filologia.org.br/anais/anais%20iv/civ06_3.htm>. Acesso em: 3/9/2008.

alegria? O amor é um sentimento positivo. Ninguém ama querendo se tornar triste ou entristecer alguém. Quando amamos alguém e até mesmo algo, é para nos sentirmos bem.

E Jesus pregava o amor, amava as crianças, curava as pessoas, multiplicava os alimentos. Tudo era alegria, risos e gargalhadas. Ele estava sempre presente em festas. O peso de seu sofrimento, a luta contra o desrespeito humano à lei e à palavra de seu Deus jamais o impediu de se alegrar.

Segundo afirma o padre Dílson Bezerra, da Dallas Brazilian SDA Church, Jesus "riu para nos atrair e morreu para nos alegrar". A alegria produzida no coração por Jesus gera um riso que atrai um sentimento de sinceridade que une as pessoas. Rir e se alegrar é fruto do relacionamento entre você e Deus, e, por extensão, com o seu próximo. Santificar o riso e a alegria é sentir a satisfação de servir e amar o próximo.[58]

Sandra Vieira nos dá outro exemplo: quando Deus anunciou a Abraão que sua mulher, Sara, seria mãe aos 90 anos, ele teria rido tanto e com tanto prazer, que Deus chamou o filho dele de Isaac, que em hebraico quer dizer "gargalhada, riso exagerado".[59]

Sandra Vieira acredita que se deve creditar ao apóstolo Paulo (conhecido como o Apóstolo da Alegria) a presença, nas Escrituras, de uma alegria mais próxima de nossa alegria: uma exultação constante. Uma exultação que aparece sempre, a qualquer momento. "Paulo faz da alegria o objeto

58. Bezerra, Padre Dilson. " Uma alegria eterna". Disponível em: <http://www.bibliaonline.net/meditar/colecao.cgi?29>. Acesso em: 24/8/2007.

59. Vieira, Sandro Medeiros. Op. Cit.

constante de suas exortações: todo crente tem direito e é convidado a regozijar-se. (...) A alegria de Paulo faz-se verdadeira exultação".

Com certeza, quando o apóstolo Paulo orou pelos filipenses, ele sorriu, mesmo diante da adversidade de ter sido preso por sua convicção religiosa. Sua alegria pode ser verificada nas passagens transcritas abaixo, as quais fazem referência a ela em sua Epístola aos Filipenses:

- 1: 4: "Em todas as minhas orações, rezo sempre com alegria por todos vós,..."
- 4: 4: "Alegrai-vos sempre no Senhor. Repito: alegrai-vos!"
- 4: 10: "Fiquei imensamente contente, no Senhor, porque, finalmente, vi reflorescer o vosso interesse por mim."
- 4: 11: "Aprendi a contentar-me com o que tenho."

Agora convido você, leitor, caso haja interesse, a localizar na Bíblia estas outras passagens, também em Filipenses: 1: 18; 1: 26; 2:1-2; 2: 16-18; 2: 28-29; 3: 1; 4: 1.

Em Eclesiastes (3: 4) lê-se: "Há tempo de chorar, e tempo de rir". No meio evangélico, o pastor C.H. Spurgeon era um homem com grande senso de humor, pois conhecia o valor da risada e da diversão, repetindo sempre o texto de Provérbios 17: 22: "O coração alegre é um bom remédio; já um espírito abatido seca os ossos".[60]

60. Michael, Larry. "A medicina do riso: o humor de Spurgeon". Disponível em: <www.monergismo.com/textos/chspurgeon/medicina_riso_spurgeon.htm>. Acesso em: 24/8/2007.

Na igreja católica nós temos como destaque o carismático padre Marcelo Rossi (sou seu fã!), que revolucionou-a com sua alegria, seus sorrisos, sua descontração e jovialidade, resgatando inúmeros irmãos, em especial jovens afastados do catolicismo, com sua "aeróbica" e alegre maneira de ministrar as missas.

Certa vez fui alertado por uma senhora que é praticante da Seicho-no-iê, informando que o riso é considerado praticamente uma religião. Concordo plenamente com ela.

Pesquisa

Em breve pesquisa que realizei, constatei que as palavras referentes a riso, alegria, diversão e brincadeira aparecem na Bíblia diversas vezes e de diferentes maneiras:

- com o radical *ri*, são 39 palavras, sendo *riso* (doze vezes) e *rir* (oito vezes) as que mais aparecem, incluindo *sorrir*;
- com o radical *alegr*, são 543 ocorrências, sendo *alegria* (265 vezes) e *alegre* (82 vezes) as mais freqüentes;
- com o radical *divert*, são 22 vezes, sendo *divertir* (5 vezes) e *diverte* (4 vezes) as que mais aparecem;
- com o radical *brin,* são quinze vezes, sendo *brincadeira* (3 vezes) a mais utilizada.

Ao todo são 619 citações, mas ainda faltam 181 para chegarmos às oitocentas indicadas pelo pai de Poliana. Você poderia me ajudar a localizá-las? Valeu!!!

Dicas

i) Independentemente de sua religião e de você crer em alguém ou alguma coisa, procure sempre fazer o bem, dedicando-se a alguma atividade filantrópica e de doação, em grupo ou até mesmo individualmente. Atividades como essas são atos de amor ao próximo.

   Lembre-se de que não é apenas em hospitais, creches, asilos ou orfanatos que existem pessoas necessitando de nossa alegria, atenção e de nosso riso e carinho, mas também em escolas, clubes e principalmente nas ruas, onde encontramos nossos anônimos irmãos.

   Parabenize, sempre que encontrar, as pessoas que dedicam parte de seu tempo para fornecer comida, distribuir roupas, brinquedos e um pouco de atenção a esses nossos irmãos de rua.

ii) Recomendo também que participe, sempre que possível, dos encontros de jovens ou de casais realizados em sua comunidade. Caso não sejam realizados, que tal você tomar a iniciativa e se reunir com o grupo de sua paróquia a fim de montarem encontros desse tipo? Digo isso porque sou um entusiasta da idéia de que os jovens precisam experimentar a participação em um grupo de jovens, vivência que foi fantástica e muito divertida em minha adolescência, tendo gerado bons frutos que me acompanham até hoje: minha maravilhosa esposa e meus filhos.

Piadas de salão

i) No leito de morte, o advogado pede uma Bíblia e começa a lê-la avidamente. Todos se surpreendem com a conversão daquele homem ateu, e uma pessoa pergunta o motivo. O advogado doente responde:

— Estou procurando alguma brecha na lei.

ii) Luquinhas diz para a professora que só tem medo do Malamém.

— E, por quê, Luquinhas? — questiona a professora, sem nada entender.

— É porque minha mãe que é tão corajosa... Toda noite, antes de dormir e depois de rezar, ela pede a Deus: "E livrai-me do Malamém".

Auto-avaliação

Qual o seu **nível de alegria** (de 1 a 10) ao final deste capítulo? ____. Compare-o com aquele da página 16. Você está começando a perceber o milagre? Sorria!

Estou lutando para tornar a alegria uma constante em minha vida.

Espaço para anotações pessoais

6ª f - 09-10-2015

CAPÍTULO 9

O RISO NA SALA DE AULA

"O tempo que levamos dizendo que para haver alegria na escola é preciso mudar radicalmente o mundo é o tempo que perdemos para começar a inventar e a viver a alegria. Além do mais, lutar pela alegria na escola é uma forma de lutar pela mudança no mundo."

Paulo Freire, em seu prefácio ao livro *Alunos felizes*, de Snypers

Historinha

Na saída do colégio, encontramos o Kiko, que nos parecia muito empolgado:

— Fala aí, Kiko, como você está se saindo nessa atividade voluntária de ensino?

— Estou adorando, Risadinha, e parece que as crianças também. Estamos nos divertindo muito e as crianças, aprendendo fácil.

— Que ótimo, Kiko. A propósito, como você se saiu na prova da última sexta-feira?

— A minha prova foi ótima. Tirei outro dez, graças a minha professora Nathália, que é muito divertida e competente.

— Puxa vida, Kiko, que legal! Fale mais sobre ela e sobre sua didática.

— Ela é muito diferente dos demais professores. Sua aula é descontraída, o que tira de nós qualquer receio de participar com perguntas, ainda que achemos tais perguntas absurdas.

— Jóia! E o que mais?

— A professora Nathália nos ensina por meio de brincadeiras, piadas e histórias engraçadas, o que nos faz entender melhor a matéria e retê-la com maior facilidade, pois ficamos com a lembrança de suas brincadeiras. E ela consegue isso tudo sem perder o nosso respeito. Você precisa conhecê-la!

— Eu gostaria muito de conhecê-la, Kiko. Eu me lembro que no cursinho preparatório para o exame da faculdade vários professores utilizavam essa técnica, pois além de precisarem nos manter despertos após uma estafante jornada de trabalho, eles tinham pouco tempo para repassar as principais matérias estudadas nos últimos anos de colégio. E, sabe, funcionava!

— É isso aí, Risadinha! Você acredita que essa nova geração de professores já vem adotando essa técnica? Estive praticando com as crianças hoje pela manhã e funcionou mesmo.

— Eu acredito que sim, Kiko. Até porque descontração e alegria não significam falta de respeito, concorda? A propósito, assista ao filme *Escola da vida* (William Dear, 2005), pois tem tudo a ver com esta nossa conversa.

— É claro, Risadinha. Nota dez para os professores!!!

— E parabéns também para você, Kiko, pela sua nota dez na prova. Agora vamos para casa, comer aquela deliciosa macarronada que Andréa preparou com amor e carinho e curtir o restante deste agradável domingo.

> "Cheguei à assustadora conclusão de que sou o elemento decisivo na sala de aula. É minha abordagem pessoal que determina a atmosfera... Como professor, detenho um enorme poder; capaz de tornar a vida de uma criança infeliz ou alegre. Posso ser instrumento de tortura ou instrumento de inspiração."
>
> Haim Ginott, psicólogo israelense

Caso

Tião Rocha, antropólogo e professor da Universidade Federal de Ouro Preto (MG), fundou em 1984 a ONG Centro Popular de Cultura e Desenvolvimento (CPCD), sediada em Belo Horizonte (MG), cuja proposta é, respeitando as tradições locais, relacionar a educação a algo tão lúdico e agradável como brincadeiras, jogos e conversas com amigos, ajudando crianças a construir uma auto-estima sólida e a tornar-se cidadãs.

Tião afirma: "É claro que, com brincadeira, com alegria, aprende-se de forma mais gostosa do que com a maneira tradicional". Seu sonho é com uma escola tão gostosa, divertida e tão bem construída, que alunos, professores e comunidade teriam vontade de ir lá todos os dias, até mesmo nos fins de semana e feriados.[61]

No filme *Escola da Vida*, o professor D mostra a todos como alegria e descontração melhoram o aproveitamento nas aulas e como a sua atitude alegre e positiva consegue contagiar toda a escola.

"A arte mais importante do mestre é
a de fazer brotar a alegria no estudo e no conhecimento."
Albert Einstein

Uma didática que aceita e incentiva o riso em sala de aula, cria ambiente propício ao ensino e à aprendizagem, uma vez que o riso é um forte aliado do professor, ajudando-o a reter o conhecimento do aluno com maior facilidade.

Nós fomos doutrinados desde a infância pelo conceito de que a escola é lugar de seriedade e silêncio, não combinando com diversão ou lazer, tanto que o período de lazer, conhecido como recreio ou intervalo, é separado das aulas. E tudo isso porque o professor tem receio de perder a posição de autoridade que, mesmo nos dias de hoje, ainda é cobrada dele, pela direção da instituição de ensino.

Segundo a professora titular do Departamento de Psicologia Experimental do Instituto de Psicologia da USP, Emma

61. Marconi, Elisa; Bicudo, Francisco. "Sobre educação, rodas, sabão e brinquedos". Disponível em: <http://www.sinprosp.org.br/especiais.asp?especial=18 58materia=416>. Acesso em: 17/1/2008.

Otta, "o riso é um mecanismo importante para promover desenvolvimento cognitivo e emocional". Os fundamentos da História relegaram o riso ao segundo plano de importância, como se a alegria fosse algo dispensável da vida humana. Desde a Idade Média, o riso foi basicamente banido, sendo resgatado apenas na Idade Moderna e mesmo assim muitos ainda crêem no dito popular: "muito riso, pouco siso". Já Moacir Gadotti, professor titular da Faculdade de Educação da Universidade de São Paulo (USP), assim se expressa: "ali onde há alegria, há um passo à frente".[62]

Afirma o filósofo russo Mikhail Bakhtin: "o verdadeiro riso, ambivalente e universal, não recusa o sério, ele purifica-o e completa-o". Portanto, não há restrições ao riso na sala de aula, o que há é a necessidade de se estabelecer o respeito mútuo por meio de sua prática sadia.[63]

O jornalista e professor Heródoto Barbeiro ensina que "o humor influencia a eficácia do trabalho, estimula a cooperação e o desempenho profissional; por isso tem de estar presente nas minhas apresentações. Não pode não estar. Em anos de aulas, [...] o que mais me marcou foram episódios envolvendo humor. Ele tem a propriedade de fazer fixar nas pessoas o conteúdo que possuem. Em resumo, para se comunicar

62. Vieira, Eurípedes Justino; Figueiredo, Vítor. O riso na sala de aula e sua implicação no processo de ensino-aprendizagem. Dissertação de curso de especialização em Psicopedagogia. Curitiba: Instituto Brasileiro de Pós-Graduação e Extensão, 1998, p. 14. Fonte: <www.milenio.com.br/professor/orisona.htm>. Acesso em: 6/12/2002. Não está mais disponível.

63. Ibidem, p. 13.

bem, é preciso usar o humor como uma ferramenta indispensável. Goleman diz que nós rimos só de ouvir outras pessoas rirem. Ele chama isso de 'seqüestro emocional positivo'."[64]

Emma Otta destaca que "de supérfluo, o riso transforma-se num mecanismo importante para promover desenvolvimento cognitivo e emocional". Aula é sobretudo convívio, e que esse convívio seja sempre amistoso, pois, em sala de aula risonha, os trabalhos se tornam mais produtivos. O riso motiva o aluno, tornando-o mais receptivo ao estudo e transformando a aprendizagem adquirida em uma experiência de sucesso, que lhe renderá um fantástico aumento da auto-estima e segurança para encarar (no bom sentido) o professor, os colegas de classe e a sociedade em geral.

O riso surge com alegria quando da descoberta de um conhecimento novo. Porém, o fenômeno chamado *riso cognitivo* só ocorre quando o aluno está ansioso em adquirir um novo conhecimento. O aluno pode não gostar de estudar, mas com certeza gosta de aprender. Imaginemos o riso de Isaac Newton quando da famosa queda da maçã em sua cabeça, prenunciando sua descoberta. Podemos dizer que o riso cognitivo é também um riso de satisfação.[65]

Assim, quando se perceber o desinteresse dos alunos pelo conhecimento, deve-se utilizar o riso tanto em sala de aula quanto na escola como um todo, demonstrando-se assim que

64. Barbeiro, Heródoto. Op. cit., p. 109.
65. Vieira, Eurípedes Justino; Figueiredo, Vítor. Op. cit., p. 7-8.

ele é sem dúvida um importante aliado da liberdade de expressão.[66]

Já está demonstrado que nas salas de aulas em que o riso é aceito e incentivado, o processo de aprendizagem flui com maior facilidade. Afirma Dickson que: "classes em que o riso é bem-vindo ajudam a reavivar o aprendizado".[67]

Para o russo Vladimir Propp, "na maioria dos casos, o riso bom é acompanhado justamente por um sentido de afetuosa cordialidade" e, mais, "o riso de alegria é muito útil e necessário socialmente porque desperta a alegria de viver, cria o bom humor e com isso eleva o tônus da vida".[68]

Como disse o pedagogo Paulo Freire, em 1997, "escola é também e sobretudo espaço da amorosidade. A minha abertura ao querer bem significa a minha disponibilidade à alegria de viver. Justa alegria de viver, que, assumida plenamente, não permite que me transforme num ser 'adocicado' tampouco num ser arestoso e amargo. A atividade docente de que a discente não se separa é uma experiência alegre por natureza [...]. Ensinar e aprender não podem dar-se fora da procura, fora da boniteza e da alegria".[69]

Deste modo, ao entrar na sala de aula, o professor precisa estar com seu humor preparado, deixando seus problemas do

66. VIEIRA, Eurípedes Justino; FIGUEIREDO, Vítor. Op. cit., p. 9.
67. Ibidem, p. 10.
68. Ibidem, p. 6.
69. Citado por PADILHA, Paulo Roberto. "Uma escola mais bela, alegre e prazerosa". Disponível em: <http://paulofreire.org/Biblioteca/t_pad4.html>. Acesso em: 31/1/2008.

lado de fora para se concentrar na aula com muito amor e humor, para então poder obter a produtividade desejada, por meio do riso e da alegria dos alunos.[70]

A metodologia de sala de aula que trabalha com o riso não pode ser meramente expositiva, devendo o aluno sair da passividade. Algumas estratégias são inventar músicas divertidas que façam recordar acontecimentos históricos ou lugares geográficos, regras matemáticas e até a tabela periódica.[71] A minha esposa que o diga!!!

Eu não tenho dúvidas de que o riso é um dos maiores e mais competentes aliados dos professores, pois além de ele descontrair o ambiente, predispõe o aluno a prestar mais atenção na aula e a reter melhor a matéria pelo simples fato de ele conseguir relembrar os momentos divertidos por mais tempo e pela repetição, quando comenta com colegas e familiares a forma divertida pela qual aprende, orgulhando-se de seu desenvolvimento.

Prezados professores, reflitam sobre isso e depois perguntem a si mesmos, a seus filhos, alunos, colegas etc. o que acham. Não estou aqui defendendo a figura do *professor palhaço*, — apesar de reconhecer que o conhecimento de algumas técnicas da arte desse personagem da cultura universal ajudaria muito —, mas sim do *professor alegre*, descontraído, amigo, que os alunos tanto anseiam em ter. Apreciaria muito receber seus comentários.

70. Padilha, Paulo Roberto. Op. cit., p. 11.

71. Ibidem, p. 13.

Eu gostaria de aqui prestar uma homenagem ao professor Heródoto Barbeiro, a quem tive o privilégio de conhecer em uma palestra e de demonstrar minha admiração pela forma pela qual ele "toca as notícias" em seus programas de jornalismo. Sempre com muito humor, respeito e bom gosto, ele consegue mostrar que é possível trabalhar com alegria e descontração sem perder a seriedade e responsabilidade inerentes à notícia, transformando assim a maneira sisuda, fria e quadrada de se fazer jornal no rádio, o que ocorre ainda em algumas estações.

> **"Quando despimos a ciência do humor, sobra apenas uma disciplina banal e chata."**
>
> Troy Hurtubise na revista *Seleções Reader's Digest* de fevereiro de 2005

Pesquisas

1 O pesquisador do humor Paul McGhee (1991) realiza em todos os seus seminários e cursos intensivos um "exercício para rir". Este nada mais é do que uma gargalhada duradoura que deve sair da barriga. Quando pergunta aos participantes, logo após o exercício, como estão se sentindo, a maioria afirma que está mais relaxada. Os estudos demonstram que após o riso a musculatura fica realmente mais frouxa. Além disso, ficou evidente que estresse, me-

dos, bem como dores de cabeça podem ser diminuídos pela terapia do riso.[72]

2 Elian Alabi Lucci, renomado escritor de livros didáticos brasileiros, informa que, segundo a pesquisa da American Research Association, "o que os alunos entrevistados mais aspiram é ter professores amigos, alegres, simpáticos e virtuosos em vez de professores deprimidos, antipáticos e imorais".[73]

3 No XX Congresso da Sociedade Internacional para os Estudos de Humor (ISHS), realizado em Madri, na Espanha, durante o períodode 8 a 11 de julho de 2008, a professora argentina Mónica Guitart, que dá aulas de matemática a futuros engenheiros na Universidade Nacional de Cuyo, assegurou que "a utilização de brincadeiras ou cenas lúdicas que despertam o interesse ou o debate entre os alunos" torna mais fácil lembrar de conceitos, pois estes "chegam através de emoções positivas, e não só por meio de conhecimentos frios", conforme noticiado no *site* Yahoo Brasil! Notícias, em 10 de julho de 2008.

72. Ohm, Dietmor. Op. cit., p. 117.
73. Lucci, Elian Alabi. "Por que a alegria na escola". Disponível em: <www.hottopos.com/videtur5/por_que_a_alegria_na_escola.htm>. Acesso em: 31/1/2008.

> "Ao ensinarem, procurem por mais alegria."
>
> Santo Agostinho

Dicas

i) Inicie suas aulas, palestras, apresentações etc. com uma rápida sessão de gargalhadas, pois além de oxigenar o cérebro, fazendo-nos pensar melhor, irá nos proporcionar um excelente relacionamento e relaxamento, para que possamos conduzir a aula ou treinamento/evento com muito mais sucesso e descontração.

ii) Recomendo que sejam utilizados brinquedos e jogos, pois a ludicidade pode ser decisiva para a aprendizagem.

iii) Assista ao Filme *Escola da vida*, com David Paymer e Ryan Reynolds, e tudo ficará mais claro para você, leitor.

Piadas de salão

i) É dia de prova na faculdade, há quase duzentos alunos na classe e o professor chato, impaciente e doido para ir embora, diz:

— Às 9h em ponto termina a prova; depois desse horário não receberei mais a prova!

Às 9h05 um aluno corre com a prova na mão até a mesa do professor, que já estava arrumando suas coisas para ir embora.

— Eu avisei que não receberia a prova depois das 9h.

— Você sabe com quem está falando? — pergunta o aluno com ar autoritário.

— Não, e qual é o problema? — responde o professor sarcasticamente.

— Tem certeza? — diz o aluno para se garantir.

— Absoluta! — responde o professor, sem sequer olhar para o aluno.

Rapidamente, o aluno levanta a imensa pilha de provas, enfia a dele no meio, dá uma misturada nelas e diz, já saindo da classe:

— Então descubra...

ii) Na aula de matemática, o professor explica o cálculo de uma enorme equação e, depois de algum tempo, conclui:

— Dessa maneira, chegamos à conclusão de que X é igual a zero!

— Puxa! — lamenta Zequinha. — Tanto trabalho para nada!

iii) O professor pergunta:

— Vinícius, responda rápido: quanto são 9 vezes 8?

E Vinícius rapidamente responde:

— 63, professor!

Então o professor lhe informa que o resultado está errado.

Mais do que depressa, Vinícius responde:

— Espere aí, professor! O senhor queria rapidez ou precisão?

AUTO-AVALIAÇÃO

Qual o seu **nível de alegria** (de 1 a 10) ao final deste capítulo? ____. Compare-o com aquele da página 16. Parabéns! Você é mesmo um bom aluno. Teoricamente, 10!
Estou buscando alegria!

Espaço para anotações pessoais:

CAPÍTULO 10

RECAPITULANDO

> *"Quem ri por último, ri menos."*
>
> Autor desconhecido

Como é sabido que o riso nos proporciona vários benefícios, já comprovados cientificamente, vamos finalizar este livro apresentando-os a você, mas com uma importante recomendação: **se persistirem os sintomas o seu médico deverá ser consultado.**

- Rir é grátis, não custa nada e vale ouro, então ria muito;
- Rir ajuda na produção de endorfinas que anestesiam o corpo e aliviam as dores, causando uma sensação agradável ao coração, nas costas e em várias partes do corpo, porque relaxa.

- Rir faz a boca e as lágrimas terem mais imunoglubinas (que é a primeira linha de defesa imunológica contra certas infecções virais e bacterianas).
- Rir ajuda na redução dos hormônios do estresse.
- Rir expele o ar dos pulmões, oxigena o corpo e o cérebro, o que é bom para pensar claramente e para manter a forma aeróbica.
- Durante o riso, há aumento a pressão sanguínea e do funcionamento do músculo cardíaco, e depois do riso a pressão cai abaixo do nível de repouso, havendo uma redução da tensão muscular.
- O riso tem efeito anti-inflamatório em juntas e ossos, o que ajuda a reduzir a inflamação e a aliviar a dor em condições artríticas.
- Rir ajuda na cura da depressão, da ansiedade e da angústia.
- Rir causa euforia e contentamento, contagia as outras pessoas e nos torna mais populares e mais bem recebidos.
- Rir por dez minutos seguidos pode proporcionar duas horas de sono sem dor.
- Cinco minutos de gargalhadas podem equivaler a 45 minutos de exercícios físicos aeróbicos (ainda não provei!);
- Rir cem vezes ao dia equivale a dez minutos remando (idem!).
- Rir por seis horas equivale a nadar quatrocentos metros ou correr vinte minutos (já estou cansado!).

- A gargalhada é um exercício completo, pois além de exercitar os músculos do rosto, dos ombros e do diafragma, faz com que se exercitem também os músculos dos braços e das pernas.
- O riso não resolve todos os problemas, mas pode fazer com que eles deixem de ser exclusivamente um peso ou uma sobrecarga levando a um sentimento de liberdade, por meio do qual diminuem-se irritações, desesperança e sentimentos de impotência.
- O riso compartilhado ajuda as pessoas a descobrir quem tem coisas em comum.
- Mesmo as maiores amizades se tornam estranhas sem a troca de sorriso.
- Rir ajuda a melhorar a qualidade do relacionamento que temos com nós mesmos e com as outras pessoas.
- O riso é um dos melhores combustíveis para mantermos longos relacionamentos.
- Rindo aprendemos a viver e a amar alegremente.
- Muitas amizades se estabelecem e se fortificam com o riso.
- Na hora de paquerar, o riso pode ajudar a relaxar os nervos, a acalmar a ansiedade e as palpitações do coração.
- O riso é um forte aliado do professor, porque ajuda o aluno a reter os conhecimentos transmitidos com maior facilidade.
- O riso é um mecanismo importante para promover o desenvolvimento cognitivo e emocional do aluno.

- O riso motiva o aluno, tornando-o mais receptivo ao estudo e transformando a aprendizagem adquirida em uma experiência de sucesso.
- O riso sincero mostra que a piada atingiu o seu objetivo.
- A intensidade do riso está diretamente relacionada à competência do contador de piadas.
- O riso respeitoso e natural colabora na animação da missa.
- O riso é parte fundamental na celebração da vida.

E considerando que existem inúmeros estudos científicos comprovando que o riso faz bem para a saúde, devemos perseguir o objetivo de fazer sorrir pelo menos uma pessoa por dia, tornando-nos assim agentes do riso e propagando o seu poder aos quatro cantos do mundo.

Mas devemos alertar que, o riso só apresenta benefícios quando é utilizado em prol do bem das pessoas e não como instrumento de tristeza, mágoa e desprezo. O riso maléfico é doloroso, é uma total falta de respeito. A gozação e ridicularização possuem qualidades negativas, e o riso gerado por elas não é aquele preconizado neste livro, não é aquele em que eu acredito, uma vez que não tem permissão, muito menos compaixão.

Quando rimos de piadas que focam os erros, a estupidez ou o infortúnio de alguém, apenas para nos sentirmos superiores a essa pessoa, confirmamos a "teoria da superioridade", ou seja, fazemos isso apenas para mascarar nossa falta de confiança e baixa auto-estima, o que nada agrega de bom para nossa saúde e para a saúde das outras pessoas.

Para finalizar, vou presenteá-lo com um poema, cujo autor é desconhecido, motivo pelo qual ele se apresenta, em algumas versões, com algumas variações, mas confesso que gosto demais desta versão, pois acho que resume com graça e maestria, a importância do riso em nosso dia-a-dia. Por isso, querido leitor, mantenha este poema em algum lugar visível para que sempre se lembre dele:

O VALOR DE UM SORRISO

Nada custa e rende muito.
Enriquece quem recebe, sem empobrecer quem o dá.
Dura somente um instante, mas seus efeitos
perduram para sempre.
Ninguém é tão rico que dele não precise.
Ninguém é tão pobre que não possa dá-lo a outras pessoas.
Leva felicidade a todos e a toda parte.
É o símbolo da alegria, da amizade e da boa vontade.
É alento para os desanimados,
repouso para os cansados,
raios de sol para os tristes e ressurreição
para os desesperados.
Não se compra nem se empresta.
Nenhuma moeda do mundo pode pagar o seu valor.
Não há ninguém que precise tanto de um sorriso, como
aquele que já perdeu até a vontade de sorrir.

AUTO-AVALIAÇÃO FINAL

Agora que você terminou de ler este livro, informe neste espaço o seu **nível atual de alegria** (de 1 a 10) : _______. Compare-o ao nível informado na página 16, quando começou a lê-lo, e:

i) **Se o seu nível não aumentou nem diminuiu,** leia novamente o livro.

ii) **Se o seu nível aumentou** e você gostou do livro, indique-o aos amigos e faça a maior propaganda dele. Pode até enviar um *e-mail* para marcelopinto@doutorrisadinha.com contando-me sua experiência de ler o livro;

iii) **Se o seu nível diminuiu** e você não gostou do livro, indique-o aos inimigos e dê este exemplar para o pior deles (não se esqueça de preencher a página de dedicatória com capricho); ou então, não precisa lamentar o dinheiro gasto nele, mande encaderná-lo com uma bela capa dura vermelha e coloque-o para enfeitar sua estante.

DESPEDIDA

> "Sorria mesmo que seu sorriso seja triste porque mais triste do que um sorriso triste é a tristeza de não saber sorrir."
>
> Autor desconhecido

Agora, não me diga adeus, mas sim até a próxima vez, ou melhor, até a próxima edição, o próximo volume ou a próxima dose de riso.

Eu realmente gostaria muito de conhecer a sua história ou algo que ocorreu com você, de bom ou de ruim, por influência da leitura deste livro. Aguardo seu contato pelo *e-mail* marcelopinto@doutorrisadinha.com.

Parafraseando Ana Banana, minha colega e fundadora do Clube do Riso de Portugal: agora que meus sonhos e minhas idéias chegaram até você, não poderá mais evitar algumas visualizações e inspirações brilhantes e alegres. E isso contribui para que haja mais vibrações positivas no universo. E não se esqueça de visitar-me, vez por outra, no *site* www.doutorrisadinha.com.

Quero pedir a você que se una a mim para homenagearmos com uma bela, gostosa e demorada salva de palmas (que assim como o riso, também gera endorfinas, tanto para quem a recebe quanto para quem a dá) aos escritores e pesquisadores brasileiros, que, com muita propriedade, nos ensinam e presenteiam com estudos sobre o riso.

> **"Não deixe que ninguém que tenha ido até você parta sem se sentir** MAIS ALEGRE E MELHOR."
>
> Madre Teresa de Calcutá

AGRADECIMENTOS

"O riso é uma das poucas coisas na vida que quanto mais dividimos, mais se multiplica. Esta é a verdadeira magia matemática do riso compartilhado."

Doutor Risadinha

Agora peço a você, leitor, que tenha um pouco mais de paciência, porque o primeiro livro é assim mesmo: a gente quer aproveitar para agradecer a todo mundo. Você ainda vai passar por isso algum dia desses. Acredite! Eu acreditei!

Deixei os agradecimentos para o final do livro a fim de evitar que, ao ver tantos nomes, você desistisse de lê-lo logo no início, e também porque como eu agradeço a você também, só poderia fazê-lo depois que você tivesse terminado a leitura.

Considero esta a parte mais difícil do livro, pois são tantas as pessoas que participaram direta ou indiretamente de sua elaboração, que me dá um tremendo frio na barriga o receio de esquecer alguém, motivo pelo qual, com poucas exceções, procurarei não citar nomes, mas tenho certeza de que você saberá se está envolvido ou não na criação desta obra.

Inicialmente e acima de tudo, quero agradecer a Deus, pelas inúmeras inspirações que surgiram inesperadamente, e à minha querida família pela paciência e compreensão que tiveram durante os anos nos quais me dediquei a idealizar e preparar o projeto deste livro e por permitirem que eu os incluísse nas piadas que nele aparecem.

Agradeço do fundo de meu coração a Raquel Toledo, do Sindicato das Indústrias Farmacêuticas de São Paulo (Sindusfarma), e a Anderson Cavalcante e Fernando Fernandes, da Editora Gente, que, por terem acreditado neste projeto, proporcionaram-me a realização de um sonho: a publicação deste livro. Valeu!

Quero agradecer e parabenizar ao doutor Eduardo Lambert, à doutora Mariana Funes, doutora Silvia Helena Cardoso, Leila Navarro, Nei Loja, Floriano Serra, Ana Banana e tantos outros, como Lauro Trevisan, Elzi Nascimento, Elzita Melo Quinta, Verena Alberti e Elias Thomé Saliba, por incluírem em suas obras e artigos matérias sobre o riso e o bom humor.

Não posso deixar de gritar um "Bravo!" à revista *Seleções Reader's Digest*, uma das publicações mensais que mais traz em seu bojo artigos sobre o RISO.

Agradeço à psicóloga Glauce Favilla dos Santos, que me apoiou no projeto Doutor Risadinha para atender a ala da pediatria no Hospital São Camilo de Santana.

Agradeço ao meu eterno amigo doutor Natal Nadal, que agora está no céu, e que, com certeza, advogou a meu favor junto ao Grande Criador para que esta obra chegasse até vocês num tempo tão breve.

Agradeço aos meus colegas de trabalho da Wyeth (infelizmente não tenho como citar os nomes, pois são tantos, entre os que já se foram e aqueles que permanecem, que daria mais um livro) e, em especial, à turminha que trabalhou e trabalha diretamente comigo, tanto na área Jurídica quanto na área de RH, a qual sempre me apoiou muito nos programas de divulgação de que o "riso é também o melhor negócio". Ao nosso pessoal da matriz, de Itapevi e especialmente do campo, que são pessoas especiais, competentes e muito divertidas, e a toda a direção, que sempre me respeitou e incentivou nessa jornada em que estou há 25 anos, ou seja, ¼ de século (Êpa, eu não tinha pensado nisso!) de puro orgulho em fazer parte dessa empresa, que em 2008 foi considerado uma das cem melhores para se trabalhar no Brasil.

Ao pessoal do Jupam (Jovens Unidos pelo Amor Maior), do Encontro de Jovens com Cristo, da Paróquia de São Sebastião (na qual orgulhosamente me casei), da Vila Guilherme, bairro da cidade de São Paulo onde nasci, fui criado e morei por muitos anos.

Ao pessoal do Banco do Brasil na Vila Maria, onde tive a minha primeira experiência de trabalho e constatei que a alegria e descontração faziam a diferença. Ao pessoal do Colégio Afrânio Peixoto e do Colégio Paulo Egydio, onde cursei o ensino fundamental e o médio.

À turma de Direito do Mackenzie de 1988, ao pessoal do Escritório Experimental da Ordem dos Advogados do Brasil (OAB) de São Paulo, aos colegas dos escritórios de advocacia com os quais trabalhei e trabalho atualmente e que me proporcionaram diversão de montão, demonstrando que no mundo jurídico também há lugar para descontração e alegria.

Aos colegas do Sindusfarma e dos Sindicatos dos Trabalhadores, com os quais mantenho contato e sempre me proporcionam um ambiente alegre, descontraído e respeitoso.

Agradeço aos colegas que fiz no Canadá, brasileiros em sua maioria, onde recentemente realizamos um intercâmbio cultural, os quais contribuíram para fazer dessa uma única e divertida experiência internacional.

A Francisco, Fabiane, Eliane, Aparecida de Lourdes, Elizabeth, José Antonio e Gilberto, que realizaram a leitura crítica deste livro, e a Rosângela Barbosa, assistente editorial, e todos aqueles profissionais citados na página 4, os quais me ajudaram a chegar ao formato final, a quem desejo agradecer também pessoalmente.

Agradeço ainda ao doutor Madam Kataria e sua esposa (os quais gostaria muito de conhecer pessoalmente) e a todos os fundadores dos clubes do riso, que se encontram espalhados pelo mundo, e em especial a Amadeu Bernardo, precursor do Clube do Riso Feliz em São Paulo.

Agradeço a todos aqueles que participaram e participam das minhas palestras de Risoterapia, que sempre me motivam a estudar e compartilhar tudo sobre a importância do riso em nosso dia-a-dia.

Enfim, eu quero agradecer a todos não só por este livro, mas pela alegria que me proporcionaram ao cruzar seu caminho, o que certamente não ocorreu por acaso. E se esqueci de alguém ou de algum grupo, peço desculpas; no próximo livro com certeza os mencionarei.

BIBLIOGRAFIA

BANANA, Ana. *Ria agora*. Lisboa: Ariana, 2008.

BARBEIRO, Heródoto. *Falar para liderar*. São Paulo: Futura, 2003.

BEZERRA, Padre Dílson. "Uma alegria eterna". Disponível em: <http://www.bibliaonline.net/meditar/colecao.cgi?29>. Acesso em: 24/8/2007.

BÍBLIA Sagrada. 135. ed. São Paulo: Ave-Maria, 2000.

BREVIGLIERO, Osvaldo. *Kras, kretas e krikturas*. São Paulo: Fabbre, 1969.

CARELLI, Gabriela. "Você é o humor que você tem". *Veja*. 15 de novembro de 1996. Disponível em: <http://veja.abril.com.br/151106/p_116.html>. Acesso em: 3/9/2008.

COUSINS, Norman. *Cura-te pela cabeça: a biologia da esperança*. São Paulo: Saraiva, 1992.

Exley, Helen. *Sorriso*. São Paulo: Arx, 2003.

Funes, Mariana. *O poder do riso: um antídoto contra a doença*. São Paulo: Ground, 2001.

Holden, Robert. *Rir ainda é o melhor remédio*. São Paulo: Butterfly, 2005.

Hurban, Hal. *Palavras positivas, mudanças significativas*. Rio de Janeiro: Sextante, 2007.

Klein, Stefan. *A fórmula da felicidade*. Rio de Janeiro: Sextante, 2005.

Kraft, Ulrich. "Dossiê: de bem com a vida: o poder do riso". *Revista Mente & Cérebro*. Disponível em: <http://www2.uol.com.br/vivermente/dossie/dossie_de_bem_com_a_vida_-__o_poder_do_riso.html>. Acesso em: 3/9/2008.

Lambert, Eduardo. *Terapia do riso: a cura pela alegria*. São Paulo: Pensamento, 1999.

Lawson, Jack. *Endorfinas – a droga da felicidade*. Blumenau: Eko, 1998.

Lucci, Elian Alabi. "Por que a alegria na escola". Disponível em: <http://www.httopos.com/videtur5/por_que_a_alegria_na_escola.htm>. Acesso em: 31/1/2008.

Marconi, Elisa; Bicudo, Francisco. "Sobre educação, rodas, sabão e brinquedos". Disponível em: <http://www.sinprosp.org.br/especiais.asp?especial=185&materia=416>. Acesso em: 17/1/2008.

Marden, Orison Swett. *Alegria de viver*. Porto: Casa Editora A. Figueirinhas Ltda., 1934.

MICHAEL, Larry. "A medicina do riso: o humor de Spurgeon". Disponível em: <http://www.monergismo.com/textos/chspurgeon/medicina_riso_spurgeon.htm>. Acesso em: 24/8/2008.

MOODY JR., Raymond. *A cura pelo poder do riso.* Rio de Janeiro: Nórdica, 1978.

NIVEN, David. *Os 100 segredos das pessoas felizes.* Rio de Janeiro: Sextante, 2001.

OHM, Dietmar. *Rir, amar e viver mais.* São Paulo: Paulinas, 2002.

PADILHA, Paulo Roberto. "Uma escola mais bela, alegre e prazerosa". Disponível em: <http://www.paulofreire.org/Biblioteca/t_pad4.html>. Acesso em: 31/1/2008.

PORTER, Eleanor H. *Poliana.* 39. ed. São Paulo: Companhia Editora Nacional, 2003.

ROZENDO, Eli. *Como contar piadas e anedotas.* Rio de Janeiro: Tecnoprint/Ediouro, 1991.

SELEÇÕES Reader's Digest. Rio de Janeiro. Edições de setembro e outubro de 2003.

SOBRINHO, Reinaldo de Oliveira. "Morreu Costinha". Disponível em: <http://www.soutomaior.eti.br/mario/paginas/cro_cost.htm>. Acesso em: 22/9/2008.

SWINDOLL, Charles R. *Ria-se de novo: experimente a alegria transbordante.* São Paulo: Unilit, 1991.

VIEIRA, Eurípedes Justino; FIGUEIREDO, Vítor. *O riso na sala de aula e sua implicação no processo de ensino-aprendizagem.* Dissertação de curso de especialização em Psicopedagogia. Curitiba: Instituto Brasileiro de Pós-Graduação e Extensão, 1998. Fonte: <http://

www.milenio.com.br/professor/orisona.htm>. Não está mais disponível.

Vieira, Sandra Medeiros. "Considerações sobre um livro milenar ou onde está a alegria da Bíblia". Disponível em: <http://www.filologia.org.br/anais/anais%20iv/civ06_3.htm>. Acesso em: 3/9/2008.

Contatos com o autor

Site: www.doutorrisadinha.com

E-mail: marcelopinto@doutorrisadinha.com

Este livro foi impresso pela
gráfica RR Donnelley em papel *offset* 90 g.